Die Zukunft der Erinnerung

GEOFFREY HARTMAN, geboren 1929, ist emeritierter Sterling-Professor für Englische und Vergleichende Literaturwissenschaft an der Yale University sowie Mitbegründer und Leiter des Fortunoff Video Archive for Holocaust Testimonies.

ALEIDA ASSMANN, geboren 1947, ist Professorin für Anglistik und Allgemeine Literaturwissenschaften an der Universität Konstanz.

Geoffrey Hartman,
Aleida Assmann

Die Zukunft der Erinnerung und der Holocaust

Konstanz University Press

Gefördert aus Mitteln des im Rahmen der Exzellenzinitiative
des Bundes und der Länder eingerichteten Exzellenzclusters der
Universität Konstanz *Kulturelle Grundlagen von Integration*

Umschlagabbildung: Alexej von Jawlensky, *Meditation*

Bibliographische Information der Deutschen Nationalbibliothek

Die Deutsche Nationalbibliothek verzeichnet diese Publikation in der
Deutschen Nationalbibliografie; detaillierte bibliografische Daten sind
im Internet über http://dnb.d-nb.de abrufbar.

Alle Rechte, auch die des auszugsweisen Nachdrucks, der fotomechanischen
Wiedergabe und der Übersetzung, vorbehalten. Dies betrifft auch die
Vervielfältigung und Übertragung einzelner Textabschnitte, Zeichnungen
oder Bilder durch alle Verfahren wie Speicherung und Übertragung auf
Papier, Transparente, Filme, Bänder, Platten und andere Medien,
soweit es nicht §§ 53 und 54 UrhG ausdrücklich gestatten.

© 2012 Konstanz University Press, Konstanz
(Konstanz University Press ist ein Imprint der
Wilhelm Fink GmbH & Co. Verlags-KG,
Jühenplatz 1, D-33098 Paderborn)

www.fink.de | www.k-up.de

Einbandgestaltung: Eddy Decembrino, Konstanz
Printed in Germany.
Herstellung: Ferdinand Schöningh GmbH & Co. KG, Paderborn

ISBN 978-3-86253-017-5

Inhalt

Vorwort   7

Aleida Assmann

Pathos und Passion. Über Gewalt, Trauma und
den Begriff der Zeugenschaft   9

Geoffrey Hartman

   I. Zeugenschaft und Pathosnarrativ   41

  II. Zeugenschaft und Leiden auf Distanz   69

 III. Das Demokratische Museum
      und die Zukunft der Kunstkritik   89

 IV. Öffentliches Gedächtnis und moderne Erfahrung   111

  V. Trauma, Zeugnis und Literaturkritik   125

Quellennachweise   143

Vorwort

Dieser Band hat seinen Ausgangspunkt in einem Vortrag, den Geoffrey Hartman im Juli 2009 über »Cultural Memory, the Story Event, and Contemporary Passion Narratives« an der Universität Konstanz gehalten hat. Der Vortrag eröffnete die neu gestiftete Reihe der *Wolfgang Iser-Lecture*, mit der die Universität an Person und Werk ihres bedeutenden, 2007 verstorbenen Kollegen der Gründungsgeneration erinnert. Hartman selbst ist dieser Universität seit ihrer Gründung eng verbunden. Zwischen der ›Konstanzer Schule‹ und der Universität Yale bestand und besteht ein enger intellektueller Austausch, an dem neben Hartman auch Paul de Man, Hillis Miller und Jacques Derrida beteiligt waren. An den Arbeiten von Hans Jauß und Wolfgang Iser, die er lebhaft mit ihnen diskutierte, beeindruckte Hartman »der Mut zur großen Theorie«. Auch ihm ging es um eine Neubewertung der Tätigkeit des Lesens und, damit verbunden, um eine Aufwertung der literaturkritischen Praxis, die er aber ganz bewusst nicht in die Form einer großen Theorie brachte, sondern in der Gattung des persönlichen Essays entwickelte. Als es in den 1980er Jahren in Deutschland – und an der Universität Konstanz – um die Auseinandersetzung mit der nationalsozialistischen Vergangenheit ging, war Hartman wiederum ein aufmerksamer Kritiker und persönlicher Gesprächspartner.

Nach einer stimulierenden Zusammenarbeit mit dem Autor ist aus dieser ersten *Iser-Lecture* eine Sammlung von fünf Aufsätzen geworden. In diesen exploriert Hartman das Themenfeld ›cultural memory‹, das im letzten Jahrzehnt immer dringlicher in den Fokus seines Schreiben und seiner Theoriebildung getreten ist. Er wendet sich damit einem Begriff zu, der in den Kulturwissenschaften mittlerweile den Status eines *buzzwords* bzw. »Plastikworts« angenommen hat. Mit großer Aufmerksamkeit, aber auch mit Skepsis und Sorge fragt Hartman nach dem Ort und Stellenwert des ›kulturellen Gedächtnisses‹ in unserer nachmodernen und posttraumatischen Epoche und diskutiert diese Fragen auf so unterschiedlichen Gebieten wie Wissenschaft, Kunst, Medienkultur und politischer Öffentlichkeit. Im Rahmen seiner Arbeiten zur Entwicklung eines Archivs für Video-Zeugnisse von Holocaust-Überlebenden ist für ihn das Konzept der ›Zeugenschaft‹ dabei immer wichtiger geworden. Hartman prüft in diesem Zusammenhang die Belastbarkeit alter und neuer Formate des Erzählens, die dem Druck eines traumatischen Erinnerns standhalten und dabei die transgenerationelle Weitergabe als eine der Grundaufgaben der Kultur wiederentdecken und stärken. Erfahrung, entgegen Benjamins pessimistischer Bilanz nach dem Ende des Ersten Weltkriegs, kann und muss mehr als sechs Jahrzehnte nach dem Zweiten Weltkrieg weitergegeben werden; und es werden immer wieder neue Formen und Formate erfunden, die auf diesen Imperativ antworten.

Der Band ist möglich geworden durch die großzügige Förderung des Exzellenzclusters *Kulturelle Grundlagen von Integration*. Philipp Schönthaler, der die hier versammelten Hartman-Essays erstmals ins Deutsche übertragen hat, ist obendrein für seine kompetente, umsichtige und zuverlässige Editionsarbeit zu danken. Die Zusammenarbeit mit Bernd Stiegler und Alexander Schmitz von Konstanz University Press war in allen Stadien verständnisvoll, anregend, unkompliziert und produktiv.

Konstanz, September 2011   Aleida Assmann

Aleida Assmann

Pathos und Passion.
Über Gewalt, Trauma und den Begriff der
Zeugenschaft

Geoffrey Hartman verkörpert auf besondere Weise unterschiedliche Kulturen, Erfahrungen und Rollen. Er ist »ein vertriebenes (displaced) Kind Europas«, wie er sich selbst genannt hat, das der NS-Verfolgung durch einen Kindertransport von Frankfurt nach England entging und anschließend in der amerikanischen Gesellschaft und Kultur Fuß gefasst hat. Hartman ist ferner ein Literaturwissenschaftler, der nicht nur amerikanische und europäische Traditionen, sondern auch Athen und Jerusalem, die hellenischen und jüdischen Wurzeln der westlichen Überlieferung, mit gleicher Intensität studiert hat. Darüber hinaus ist er ein Gelehrter, der mit intimer Kenntnis und Sensibilität die Struktur und Dynamik des kulturellen Gedächtnisses in einer Langzeitperspektive untersucht, sich aber auch selbst bei der Gründung eines Video-Archivs für Holocaust-Überlebende als ›Gedächtnis-Aktivist‹ engagiert hat.

Mit seinem Begriff des ›Pathosnarrativs‹ verknüpft Hartman auf eine ganz neuartige Weise die Untersuchung der archaischen Grundstrukturen des kulturellen Gedächtnisses mit aktuellen Neuerungen und Wandlungen. Unter Pathosnarrativ versteht er eine hervorgehobene Leidensgeschichte, die emotional so angereichert ist, dass sie für eine Gesellschaft und Kultur zu einer zeitüberdauernden Identifikations- und Erinnerungsfigur wird.[1] Mit der engen Verbindung, die er zwischen Pathos und kulturellem Gedächtnis herstellt, entfernt er sich allerdings von der traditionellen Geschichte des Pathos-Begriffs in der westlichen Philosophie- und Kunstgeschichte, wie sie soeben in zwei neuen Sammelbänden rekonstruiert worden ist.[2] Beide bestätigen einen neuen Trend in

---

[1] Vgl. das Kapitel I »Zeugenschaft und Pathosnarrativ« in diesem Band.
[2] Kathrin Busch, Iris Därmann (Hg.), *Pathos. Konturen eines kulturwissenschaftlichen Grundbegriffs*, Bielefeld 2007; Cornelia Zumbusch (Hg.), *Pathos. Zur Geschichte einer problematischen Kategorie*, Berlin 2010. Während die Beiträge des ersten Bandes aus einer vorwiegend philosophischen Per-

den Kulturwissenschaften, der die Geschichte der Gefühle als wissenschaftlichen Gegenstand rehabilitiert. Die Affekte mussten wiederentdeckt werden, nachdem sie aus den konstruktivistischen Repräsentations- und Performativitätsdebatten weitgehend ausgeschlossen worden waren, die insbesondere die Medialität von Kommunikation, die Künstlichkeit von Kunst und die Machbarkeit von Kultur in den Mittelpunkt stellten.

Der griechische Begriff ›Pathos‹ umfasst demnach so unterschiedliche Gefühlszustände wie schmerzhaftes Leiden, irrationale Leidenschaft und bloße Formen der Passivität. Dieser allgemeine Begriff von Pathos, der sich mit ›Widerfahrnis‹ übersetzen lässt, betont das Unwillentliche, das Unkontrollierbare und Überwältigende in der Erfahrung und ergänzt damit das Bild vom Menschen als handelndem und selbst bestimmtem Individuum durch die passive Seite des Leidens und Erleidens. Während Plato das Spektakel der Affekte aus seinem idealen Staat zu verbannen suchte und in diesem Sinne eine scharfe Grenze zwischen der erhellenden Philosophie des Logos und dem verdunkelnden Drama der Affekte gezogen hatte, holte Aristoteles diese Urkräfte zurück, indem er sie in einen für die Gemeinschaft heilsamen Funktionsmechanismus einband. Im Rahmen seiner theatralischen Katharsis-Theorie wurden bei den Zuschauern die Grundaffekte von Furcht und Mitleid, von Jammern und Schaudern lustvoll erregt, um gleich wieder entladen und entsorgt zu werden. Die Tragödie galt deshalb in der Geschichte der westlichen Kunst nicht nur als nicht schädlich, sondern sogar als heilsam, weil ihr aufgrund der Abfuhr störender Affekte eine kollektiv therapeutische und damit das Gemeinwesen reinigende Wirkung zugesprochen wurde.

Diese Perspektive auf Pathos im Rahmen einer therapeutischen Kunsttheorie ist seit dem Ende des 19. Jahrhunderts von Denkern wie Nietzsche, Freud und Warburg scharf kritisiert worden, die jeder auf seine Weise die Unhintergehbarkeit und Eigendynamik der Affekte wieder in ihr Recht gesetzt haben. Mit ihnen beginnt ein ganz neuer Abschnitt in der Geschichte des Interesses am Pathos, der nicht auf die Produktions- und Wirkungsdimensionen beschränkt ist, sondern um die Frage nach langfristigen und dauerhaften Prägungen im kulturellen Gedächtnis kreist. Pathos wird

spektive geschrieben sind, beschäftigen sich die des zweiten Bandes mit der Pathos-Tradition in der Kunsttheorie und Kunstproduktion.

aus der langen Geschichte der aristotelischen Wirkungsästhetik und Rhetorik herausgelöst und neu entdeckt als eine Energie, die die Zuschauer, Betrachter und Leser nicht nur momentan und punktuell affiziert, sondern darüber hinaus auch dafür verantwortlich ist, dass bestimmte Erfahrungen und Geschichten unvergesslicher sind als andere, die nicht als potentiell generationen- und epochenüberdauernde Erinnerungsfiguren elaboriert worden sind.

Nietzsche hat in einer berühmten Argumentation den Schmerz das »mächtigste Hilfsmittel der Mnemotechnik« genannt:

> Wie macht man dem Menschen-Thiere ein Gedächtniss? Wie prägt man diesem theils stumpfen, theils faseligen Augenblicks-Verstande, dieser leibhaften Vergesslichkeit Etwas so ein, dass es gegenwärtig bleibt? [...] ›Man brennt Etwas ein, damit es im Gedächtniss bleibt: nur was nicht aufhört, weh zu thun, bleibt im Gedächtniss‹ – das ist ein Hauptsatz aus der allerältesten (leider auch allerlängsten) Psychologie auf Erden [...]. Es gieng niemals ohne Blut, Martern, Opfer ab, wenn der Mensch es für nöthig hielt, sich ein Gedächtniss zu machen.[3]

Mithilfe dieser Mnemotechnik, so Nietzsche, versuchen die Hüter der Kulturen, die Instinktausstattung der Menschen auszuhebeln, um an deren Stelle normative Triebfedern und Motivationsgrundlagen dauerhaft zu etablieren. Auch Freud und Warburg haben einen modernen Begriff von Pathos (im Sinne von überwältigenden, starken Prägungen) entwickelt, der einen direkten Zusammenhang zwischen der Nachhaltigkeit einer traumatischen Gewalterfahrung und Dauerspuren im kulturellen Gedächtnis herstellt. Freud leitete die Imperative von Kultur und Religion aus dem phylogenetischen Urtrauma des Vatermords in der Urhorde ab, das er ontogenetisch auf der Ebene des Primärprozesses des Unbewussten und damit im reinen ›Imaginären‹ verortete. Warburg wiederum suchte diese fortdauernde ›mnemische Energie‹ auf der Ebene der künstlerischen Gestalt- und Formgebung in von ihm so genannten Pathos-Formeln, die sich im Prozess der Tradierung als Konstanten ausbilden und dabei aber dynamisch bleiben, weil sie als emotio-

---

[3] Friedrich Nietzsche, *Zur Genealogie der Moral*, Kritische Studienausgabe 5, hg. von Giorgio Colli und Mazzino Montinari, Berlin 1999, S. 295.

nale Relaisstationen der kulturellen Überlieferung immer wieder neu aufgeladen werden können.

Hartmans Begriff des Pathosnarrativs knüpft an diese neueren Pathostheoretiker an, die einen engen Zusammenhang zwischen Gewalt, Leiden und kulturellem Gedächtnis herstellen. In seinem ersten Essay, der auf die antike Tragödie und religiöse Gründungserzählungen anspielt, dürfen wir das Wort Pathosnarrativ durchaus auch mit ›Passionsgeschichte‹ übersetzen. Erstaunlicherweise laufen in der abendländischen Tradition die Überlieferungsstränge des hellenisch-römischen Pathosdiskurses und der christlichen Passionsgeschichte streng getrennt nebeneinander her. Das bestätigt auch ein Blick in die genannten neuen Pathos-Publikationen, in denen man einen Hinweis auf die Bildtradition des gekreuzigten Christus und die paradigmatische Pathosformel der trauernden Maria vergeblich sucht. Offensichtlich gehört in der ausdifferenzierten Moderne der Pathosbegriff in die säkulare Welt der Kunst und der Passionsbegriff in die sakrale Welt religiöser Feste und Riten. Um Pathos und Passion zusammenzubringen, muss man schon den ethnographischen Standpunkt eines Außenseiters einnehmen, wie es Warburg in den Bildercollagen seines Mnemosyne-Atlasses getan hat und wie es auch Hartman mit seinem suggestiven Begriff des Pathosnarrativs tut. Er erinnert uns daran, dass die kulturelle Ausformung eines exemplarischen Leidens zu den tiefsten Eingravierungen im kulturellen Gedächtnis geführt und die stärksten Bindungskräfte freigesetzt hat, die religiöse und staatliche Gemeinschaften über Jahrhunderte und Jahrtausende zusammenzuhalten vermochten. Das gilt für das Christentum und den shiitischen Islam (der im Aschura-Fest Husseins Passion zelebriert) ebenso wie für nationale Narrative, für die die Schlacht der Serben gegen die Türken auf dem Amselfeld nur ein herausragendes Beispiel ist. »Das gemeinsame Leiden«, so schrieb Ernest Renan nach der Niederlage Frankreichs gegen Deutschland im Krieg von 1870/71 »verbindet mehr als die Freude. In den gemeinsamen Erinnerungen wiegt die Trauer mehr als die Triumphe, denn sie erlegt Pflichten auf, sie gebietet gemeinschaftliche Anstrengungen.«[4]

---

[4] Ernest Renan, »Was ist eine Nation? Vortrag, gehalten an der Sorbonne am 11. März 1882«, in: ders., *Was ist eine Nation? und andere politische Schriften*, hg. von Walter Euchner, Wien, Bozen 1995, S. 56.

In nationalen Kontexten können diese »gemeinschaftlichen Anstrengungen«, die den Verlierern nach einer Niederlage aufgegeben sind, in ganz unterschiedliche Richtungen gehen. Der eine Weg ist die Verarbeitung des Scheiterns mit den Mitteln der Realitätsüberprüfung und Selbstkritik. Reinhart Koselleck hat deshalb betont, dass zwar die Sieger die Geschichte schreiben, aber dass eigentlich nur die Verlierer aus der Geschichte lernen können, weil sie zum Umdenken gezwungen sind. Meist wird jedoch der umgekehrte Weg der forcierten Wiederherstellung eines positiven kollektiven Selbstbildes gewählt. Das Leiden wird dabei in den übergeordneten Zusammenhang eines heroischen, martyriologischen oder anderweitig zukunftsweisenden und erlösungsträchtigen Narrativs eingegliedert, das die Gruppe mit Hoffnung, Widerstandskraft und einem unverlierbaren Gefühl der Überlegenheit ausstattet. Durch eine solche Rahmung kann das Leiden in einen kollektiven Impuls verwandelt werden, der Sinnperspektiven und unerschütterliche Selbstbestätigung verspricht.

Das Jahrhundert der Gewalt

Dass nicht nur erfahrene Leiden im Lichte einer Sinnperspektive umgedeutet werden können, sondern auch aktuelle und zukünftige Leiden durch einen starken politischen Willen vollständig ausgeblendet werden, hat der französische Philosoph Alain Badiou gezeigt. In einer Vorlesungsreihe mit dem Titel *Das Jahrhundert* hat er an der Schwelle zum 21. auf das 20. Jahrhundert zurückgeblickt, um dessen besondere Essenz von innen heraus aus der Faszination des in ihm wirkenden Großprojekts zu verstehen.[5] Seine Analyse des Jahrhunderts soll hier zur Sprache kommen, weil sie in die Grundstrukturen jenes Gewaltkomplexes eindringt, der eine neue Qualität der Leiden hervorgebracht hat, an denen wir uns heute abarbeiten. Badiou fragt nicht, was im 20. Jahrhundert »passiert ist, sondern was man in ihm gedacht hat.« (11) Als Schlüssel zur verborgenen Triebkraft im Zentrum dieses Jahrhunderts erkennt er die ›Passion zum Realen‹, die sich als Leitmotiv durch seine Analy-

---

[5] Alain Badiou, *Das Jahrhundert*, übers. von Heinz Jatho, Zürich, Berlin 2006. Zitate aus dieser Ausgabe werden im Folgenden durch Seitenangabe in runden Klammern im Text nachgewiesen.

sen zieht. Passion ist hier gleichbedeutend mit ›Projekt‹, Gedanke, geistiger Antizipation und imaginärer Potenz und nicht zuletzt: Gewalt. Dieses Reale an sich ist eine vollkommene Abstraktion und Leerstelle, die mit dem Verlust bindender Ideale wie einem verbindlichen Gottes- oder Menschenbild freigeworden ist. Von dieser Leerstelle, die es neu zu füllen galt, ging ein ungeheurer Sog aus, der ganz neue (Gewalt-)Anstrengungen der Verwirklichung von Ideen (bzw. Ideologien) freigesetzt hat.

Die ›Passion fürs Reale‹, die nach Badiou die Signatur des 20. Jahrhunderts gewesen ist, hat sich gleichermaßen in rechten und linken Ideologien der Gewalt entladen. Diese Passion ist von einem eigentümlichen Pathos getragen, das sehr viel mit dem politischen Projekt der Schaffung eines neuen Menschen zu tun hat: »Im Grunde ist das Jahrhundert von einem bestimmten Moment an von der Idee besessen gewesen, den Menschen zu verändern, einen neuen Menschen zu schaffen«. Badiou betont, dass im Faschismus und Kommunismus sehr unterschiedliche Konzepte dieses neuen Menschen entwickelt wurden, aber für beide Ideologien gilt sein Nachsatz: »in jedem Fall aber ist das Projekt so radikal, dass bei seiner Verwirklichung die Singularität menschlicher Leben nicht zählt – das ist bloßes Material.« (17) Dieses revolutionäre prometheische Projekt eines neuen Menschen, »des Bruchs und der Gründung [...] in der Ordnung der Geschichte«, versteht sich selbst als »grandios, episch, gewaltsam«. (17 f.)

Gewalt in der Geschichte hat es immer gegeben; wie kam es im 20. Jahrhundert, angefangen vom Ersten Weltkrieg und dem armenischen Genozid über den spanischen Bürgerkrieg und die Bombardierung von Guernica durch die Legion Condor, den Terror Stalins, den Zweiten Weltkrieg, den Holocaust und den Abwurf zweier Atombomben zur Entfesselung dieser zeitlich so dichten Serie radikaler Gewaltakte, die die Zivilbevölkerung einschließen und verknüpft sind mit neuen Strategien und Technologien des Tötens? Einen Grund dafür sieht Badiou in einem Wandel des geschichtsphilosophischen Konzepts von Fortschritt. Während für ›das 19. Jahrhundert‹ (Badiou bedient sich dieser Metapher der Personalisierung) Fortschritt eine transzendente Kraft war, die sich weitgehend hinter dem Rücken der Beteiligten vollzog oder als eine Bewegung wahrgenommen wurde, von der man sich getragen wusste, hat ›das 20. Jahrhundert‹ das Vertrauen in eine solche übergeordnete und selbsttätige Entwicklung verloren. Der Fortschritt konnte nur noch vom Menschen gemacht werden. Deshalb wurde die beherrschende Idee dieses Jahrhunderts, »sich der Geschichte zu stellen, sie politisch zu beherrschen.« (25) Mit diesem tiefgreifenden Wandel »vom historischen Fortschrittglauben zum politisch-historischen Heroismus« wurde Vertrauen durch Misstrauen und die Vorstellung von Entwicklung durch den dezisionistischen Einsatz von Gewalt ersetzt: »Das Projekt des neuen Menschen ist mit der Vorstellung verbunden, dass man die Geschichte bändigen, dass man sie zwingen wird.« (26) Diese Einstellung führte zwangsläufig zum Terror als Mittel der Politik: »Das Jahrhundert hat sich nicht gescheut zu behaupten, dass das Leben sein positives Geschick (und seinen Zweck) nur durch Terror erfüllt.« (27) Die Faszination des Terrors besteht wiederum darin, dass in ihm das Reale unverstellt zur Erscheinung gezwungen wird. In seiner Bestimmung des Realen als Exzess von Gewalt geht Badiou weit über Lacan hinaus.[6] Er fasst zusammen, dass das 20. Jahrhundert, »aufgewühlt von der Passion des Realen, in jeder Weise, nicht nur in der Politik, das Jahrhundert der Zerstörung war.« (70)

Die Passion des Realen als zentrale Antriebsenergie des 20. Jahrhunderts ist also zugleich die Passion des Neuen, der Handlung, der Gewalt und der Erfüllung. Uns interessiert hier insbesondere das revolutionäre und im Kern modernisierende Pathos des Brechens mit allem Überkommen, das der so hoch abstrakten ›Passion fürs Reale‹ zur kulturellen Anerkennung und konkreten Umsetzung verholfen hat. Was das 20. Jahrhundert bestimmte und was das 21. Jahrhundert nach Badiou gründlich verloren hat, ist der unbedingte Wille zur Größe. Die Passion fürs Reale war nichts anderes als der starke Wunsch, bleibende Realitäten zu schaffen, die Welt von Grund auf umzustürzen und neu zu ordnen, was nicht ohne Gewalt geht. Deshalb wurde die Gewalt, die dies alles bewirken sollte, auch rückhaltlos verherrlicht: »Um Unzerstörbares zu schaffen, muss man viel zerstören.« (160)

Badious Begriff der Passion bedeutet in erster Linie Leidenschaft bzw. Besessenheit und erst in zweiter Linie Leiden. In erster Linie bedeutet Passion »die Gewissheit, dass ausgehend von einem Ereignis der subjektive Wille unerhörte Möglichkeiten in der Welt realisieren kann; dass das Wollen alles andere ist als eine ohnmächtige

---

[6] Vgl. Dylan Evans, *Wörterbuch der Lacanschen Psychoanalyse*, Wien 2002, S. 250–253.

Fiktion und auf intime Weise ans Reale rührt.« (124) In zweiter Linie bedeutet Passion das Einkalkulieren von Leiden, die mit der Zerstörung notwendig einhergehen. Der starke nietzscheanische Wille zur Größe macht blind für die Kosten dieses Projekts, er darf nicht durch zu viel Wissen gedämpft werden. Mit diesem Willen zur Größe geht eine Immunisierung des kollektiven Selbstbewusstseins einher: Die Wunde, so Badiou, die der empfindliche und endliche Körper empfängt, wird gerechtfertigt durch Teilhabe am abstrakten Konstrukt eines gefühllosen und unzerstörbaren Kollektivs.

Wenn wir den Blick von diesem Szenario auf unsere Gegenwart zurückwenden, wird uns eine dramatische Umwertung der Werte bewusst, die sich mit dem Ende des 20. Jahrhundert vollzogen hat und kaum tiefer gehen könnte. Nach dem entschiedenen Absehen von den Kosten der Gewalt richtet sich nun der Blick auf eben diese Kosten, und das sind nicht nur die des eigenen heroischen Kampfes für ein partikulares oder universalistisches Ideal, sondern alle Opfer, die das gewaltsame Machen von Geschichte gefordert hat. Nach den Exzessen des 20. Jahrhunderts mit seiner radikalen politischen Imagination, seinem unbegrenzten Willen und seinem sich selbst immunisierenden und anästhesierenden heroischen Menschenbild starren wir fassungslos auf das unsägliche Leiden, das dieser Rausch des Realen hervorgebracht hat. Nachdem der Traum von der Unzerstörbarkeit ausgeträumt ist, fokussieren wir in immer neuen Anläufen auf das Ausmaß der Zerstörung, die diese Epoche hinterlassen hat. Diese Umperspektivierung und Umwertung der Werte ist Teil einer kulturellen Konversion, die Badiou allerdings nicht mitgemacht hat. Als Genosse des 20. Jahrhunderts schreibt er heute als Renegat in einer ihm fremden Welt, für die er nur Verachtung übrig hat. Diesem Teil seiner provokant gemeinten und aus meiner Sicht auf weite Strecken nicht anders als pervers zu bezeichnenden Argumentation kann ich in keiner Weise folgen. Seine Gewaltverherrlichung glaubt er offen zur Schau tragen zu dürfen, weil er nicht der faschistischen, sondern der kommunistischen Variante der Passion für das Reale (von Lenin bis Mao und Meinhof) das Wort redet. Er tut dies in der Tradition der französischen Linken als einer, der nach dem Scheitern des Kommunismus offensichtlich nicht den Weg der Selbstkritik, sondern den der Selbstbestätigung ging. (11) Er schreibt gegen eine vollständig veränderte Gegenwart an, die er als dekadent einstuft und deren Zeitgeist er mit Begriffen wie Profit, Markt, Demokratie, Parlamentarismus, Mittelmaß, animalischer Humanismus und Menschenrechte zusammenfasst, die von ihm sämtlich negativ besetzt sind. Um sich gegen den Geist dieses neuen Zeitalters zu wappnen, beschwört und rehabilitiert er betont unzeitgemäß den des gründlich diskreditierten 20. Jahrhunderts. Während ich mich emphatisch von Badious Wertorientierung distanziere, folge ich seiner Analyse des 20. Jahrhunderts, die ein bezeichnendes Licht auf das Gewaltpotential und das Zerstörungspathos wirft, das nicht nur den beiden Ideologien des Faschismus und Kommunismus, sondern dem Projekt der Moderne überhaupt eingeschrieben ist. Über diese Visionen, die Badiou in seiner ›rettenden Kritik‹ des Kommunismus rehabilitieren will, können wir heute jedoch nicht mehr sprechen, ohne die Kosten solch selbstherrlicher Eingriffe in den Gang der Geschichte einzurechnen. Das Pathos fürs Reale hat zu unvorstellbaren Exzessen realer Gewalt geführt, die wir nachträglich unter dem Stichwort ›Trauma‹ (ein Begriff, der im Wortschatz von Badiou nicht vorkommt) besichtigen und seit zwei Jahrzehnten verstärkt in unzähligen realen Passionsgeschichten bearbeiten.

Alte und neue Passionsgeschichten

Am 12. Dezember 1998 fand im Rahmen der Kontroverse, die um die von Martin Walser am 11. Oktober in der Paulskirche gehaltene Friedenspreisrede entstanden war, ein Verständigungs-Gespräch zwischen Martin Walser und Ignaz Bubis in den Räumen der *Frankfurter Allgemeinen Zeitung* statt. Es endete mit einer beiläufig beiseite gemurmelten Frage, die der Vorsitzende der jüdischen Gemeinde – gewissermaßen als Koda ihres Gesprächs – an den deutschen Autor richtete: »2000 Jahre Golgatha sind nicht genug, aber 50 Jahre Auschwitz sollen genug sein?«[7] Dieser erstaunliche Satz stellte 53 Jahre nach Ende des Zweiten Weltkriegs eine enge Verbindung zwischen einer alten und neuen Passionsgeschichte her. Tatsächlich erleben wir gegenwärtig die Entstehung eines neuen Typs von Passionsgeschichten, die soeben ins kulturelle

---

[7] Für diesen unvergesslichen Satz, der in der Publikation der Debatte nicht abgedruckt ist, kann ich mich nur durch meine eigene Augen- und Ohrenzeugenschaft des damals im Fernsehen gesendeten Gesprächs verbürgen (A.A.).

Langzeitgedächtnis eingeschrieben werden. Primo Levi hat sie einmal mit den biblischen Geschichten in Verbindung gebracht, die wir uns nach drei Jahrtausenden noch immer erzählen. Er erinnerte sich dabei vergeblich an eine von vielen Geschichten, die ihm im Lager erzählt wurden:

> Er hat mir auch seine Geschichte erzählt. Heute weiß ich sie nicht mehr, aber gewiss war es eine schmerzliche, grausame, bewegende Geschichte; denn das sind alle unsere Geschichten, hunderttausende an der Zahl, und eine jede ist anders, und eine jede ist angefüllt mit tragischer, bestürzender Zwangsläufigkeit. Abends erzählen wir sie uns gegenseitig; sie geschahen in Norwegen, in Italien, in Algerien, in der Ukraine, sie sind einfach und unfasslich wie die Geschichten aus der Bibel. Doch sind sie nicht auch Geschichten aus einer neuen Bibel?[8]

Bei den Geschichten der Bibel blicken wir auf eine lange Überlieferungsgeschichte zurück, im anderen Fall wohnen wir gerade der Formung einer neuen Gedächtnisspur in statu nascendi bei. Damit diese Geschichten auch noch in einer fernen Zukunft erzählt werden können und nicht gleich wieder vergessen werden, muss aber zuvor etwas hinterlegt werden. Es sind eben diese unzähligen Leidensgeschichten des Holocaust, die Levi zu hören bekommen hat und von denen die meisten schon wieder vergessen sind, ungehört verhallten oder nie erzählt werden konnten, die in den 1980er und 90er Jahren erstmals auf Video-Format aufgenommen und archiviert worden sind. Hartman gehört als Praktiker und Theoretiker zu den Pionieren dieses neuen Erinnerungsformats des Holocaust-Video-Zeugnisses; sein kritisches Engagement und besorgtes Fragen gilt den Problemen der Sicherung dieser Gedächtnisspur und den Bedingungen der Weitergabe dieser mediatisierten Erinnerung unter den schwierigen Umständen des öffentlichen Medienrummels, der allgemeinen Apathie des Gedächtnisses, der politischen Instrumentalisierung und der Vereinnahmung von persönlicher Erfahrung durch die offizielle Geschichtsschreibung.

Die Holocaust-Erfahrungsberichte haben der alten Gattung des Pathosnarrativs eine ganz neue Form und Qualität gegeben; sie

---

[8] Primo Levi, *Ist das ein Mensch? Ein autobiographischer Bericht* (1958), München 2000, S. 77.

sind nicht mehr auf affektive Gruppenbindung und partikulare religiöse oder nationale Vergemeinschaftung angelegt, sondern bilden das Fundament eines säkularen und universalen neuen Ethos, das im Zeichen der Menschenrechte die individuelle Leidensgeschichte des Einzelnen würdigt. Diese Berichte versperren sich einem einheitlichen ›Narrativ‹, das in die Sequenz der je spezifischen Erfahrungen und Erinnerungssplitter eine spezifische Logik und einen übergeordneten Sinn einschreibt, denn sie existieren nur nebeneinander – wie Levi betont – in der Fülle der einzelnen Geschichten aus Norwegen, Italien, Algerien und der Ukraine, von denen keine im Sinne des pars pro toto durch eine andere vertreten oder ersetzt werden kann. Sie bilden, um es in der Terminologie von James Young und Jeffrey Olick zu sagen, ein gesammeltes (*collected memory*), aber kein kollektives Gedächtnis (*collective memory*).

Das Leiden, mit dem wir heute im Rückblick auf das 20. Jahrhundert konfrontiert sind, manifestiert sich jenseits der alten Mythen und neuen nationalen Narrative; dieser über Jahrzehnte lang weitgehend unbeachtet gebliebene Teil der historischen Wirklichkeit der Eroberungs- und Vernichtungsgeschichten ist immer noch auf der Suche nach seinen Ausdrucksformen. Wir erleben seit den 1980er Jahren und verstärkt nach den weltweit in Echtzeit übertragenen Bildern der zusammenstürzenden Türme des World Trade Centers in Manhattan einen epochalen Orientierungswandel vom Triumph zum Trauma, von der Perspektive der Sieger zu der Perspektive der Opfer, von der fortschrittsgewissen Zukunftsorientierung zur Wiederkehr unbewältigter Vergangenheiten. Im Zuge dieses Wandels hat sich der Pathosbegriff von der Ebene der Fiktion und Kunst gelöst und sich immer stärker mit dem Trauma verbunden, das der Sphäre des Realen angehört. Anders als das klassische Pathos, für das die lange rhetorische Tradition ein großes Arsenal der Ausdrucksformen und Wirkungsweisen geschaffen hat, entzieht sich das Trauma zunächst der Sprache, Gestaltung und Kommunikation. Es aus seiner weitgehenden Absenkung ins Unbewusste und Schweigen in die Sprache, in die öffentliche Kommunikation und in die Kultur zurückzuholen, ist eine komplexe Aufgabe. Hartman gehört nicht der apodiktischen Theorie-Tradition an, die von Adorno bis Agamben die Unsagbarkeit des Traumas in den Mittelpunkt gestellt hat. Seinen Beitrag zu diesem Thema hat er unter dem Codewort ›Philomela-Projekt‹ entwickelt.[9] Dieses bezieht sich auf das zentrale Motiv der klassischen Pathos-Familien-Saga von Verrat, Vergewaltigung, schwerer Körperverletzung und haarsträubender Rache: Die vergewaltigte Philomela, der die Zunge herausgeschnitten wurde, teilt sich ihrer Schwester mithilfe eines Textils mit, in das sie ihre Passionsgeschichte einwebt. Das Philomela-Projekt widmet sich der Aufgabe, den in ihrem Schmerz verstummten Holocaust-Überlebenden zum Sprechen zu verhelfen.

Zeugenschaft

Der Diskursrahmen, der für diese neue Art von Pathos aufgebaut werden muss, ist dabei ein ganz anderer als der fiktionale Rahmen der aristotelischen Katharsis. Für diesen neuen Kommunikationsrahmen, der sich um das historische Trauma herum gebildet hat, hat sich der Begriff der Zeugenschaft durchgesetzt. An die Stelle von subjektivem Miterleben und imaginativer Identifikation treten dabei ein empathisches Zuhören und ein ethischer Akt der Beglaubigung und Anerkennung. Während das Ziel der Katharsis-Dramaturgie zunächst die Identifikation mit dem Bühnengeschehen und dann die Auflösung und Überwindung des imaginativ erzeugten Mitleidens war, bleibt im Rahmen der Zeugenschaft eine unüberschreitbare Grenze bestehen zwischen der Erfahrung der Zeugen und ihrem Leiden auf der einen Seite und der nachträglichen Anteilnahme derer, die diesem Leiden Gehör und Aufmerksamkeit schenken. Der Weg der identifikatorischen Imagination ist hier von vornherein versperrt, was Empathie jedoch nicht ausschließt. Dieses Mitgefühl erfordert allerdings eine besondere Bildung, denn es ist von Mitwissen und sozialer, moralischer und historischer Verantwortung gestützt. Der implizite Vertrag, den der Zuhörer mit dem Zeugen schließt, lautet: Ich lasse Dich mit Deiner Erfahrung und Geschichte nicht allein. Dieses Bündnis führt also gerade nicht zu einer Horizontverschmelzung, sondern zur Herstellung von Evidenz und der Möglichkeit der sozialen und kulturellen Weitergabe einer Erinnerung.

---

[9] Vgl. Geoffrey Hartman, »The Voice of the Shuttle«, in: ders., Daniel T. O'Hara (Hg.), *The Geoffrey Hartman Reader*, Edinburgh 2004, S. 223–227.

Das Paradigma – wenn auch in keiner Weise der Einzelfall – dieser traumatischen Gewalt ist die nationalsozialistische Verfolgung, Deportation und Vernichtung geworden, die Millionen von Opfern gefordert und sich tief in die Körper der jüdischen Überlebenden eingeschrieben hat. Vier Nachkriegsjahrzehnte blieben diese Geschichten vorwiegend eine Privatsache und die Wahrscheinlichkeit, dass Nachbarn, Mitmenschen, Historiker und Politiker ihnen Aufmerksamkeit schenken würden und sie Gehör fänden, war äußerst gering. Das änderte sich in den 80er Jahren, als ihnen der Status eines ›Zeugnisses‹ zugesprochen wurde. Während jeder Mensch autorisiert ist, als historischer Zeitzeuge seiner eigenen Erfahrungen und Erinnerungen aufzutreten, ging es hier um die sehr viel spezifischere Verantwortung, in einer ahnungslosen, ungläubigen und vergesslichen Welt vom Jahrhundertverbrechen des Holocaust Zeugnis abzulegen.

Um diesen neuen Typ des Holocaust-Zeugen besser verstehen zu können, müssen wir einen Blick auf die lange Geschichte und die unterschiedlichen kulturellen Institutionen werfen, in denen das Zeugen praktiziert worden ist. Erinnern, wie wir von Maurice Halbwachs gelernt haben, ist keineswegs eine rein subjektive und innerliche Angelegenheit, sondern setzt immer schon mögliche Adressaten und Interessen sowie soziale Instanzen der Bestätigung, Bewertung, Ergänzung oder Korrektur der Erinnerung voraus.[10] Das gilt in noch ungleich stärkerem Maße für die Tätigkeit des Zeugens, die grundsätzlich nach außen gerichtet und auf Adressaten angewiesen ist. In diesem Fall ist es, wie noch genauer zu zeigen sein wird, jedoch überhaupt erst der Adressat bzw. der sogenannte ›sekundäre Zeuge‹, der aus der Erinnerung und Erzählung ein Zeugnis macht. Der Zuhörer, schreiben Felman und Laub, »hat unmittelbar teil an der Herstellung eines neuen Wissens. Das Zeugnis des Traumas schließt deshalb seinen Zuhörer mit ein, der sozusagen das Blatt Papier ist, auf das das Ereignis zum ersten mal aufgeschrieben wird.«[11] Wie das Erinnern selbst bedarf auch das Bezeugen bestimmter von Halbwachs sogenannter ›Rahmen‹, die darüber entscheiden, was und wie wir etwas von der Vergangenheit

---

[10] Maurice Halbwachs, *Das Gedächtnis und seine sozialen Bedingungen*, Frankfurt am Main 1985.
[11] Shoshana Felman, Dori Laub, *Testimony. Crises of Witnessing in Literature, Psychoanalysis and History*, London, New York 1992, S. 57.

in einer bestimmten Gegenwart zur Sprache bringen. Diese Situationen nehmen im Kontext des Zeugens institutionelle Formen an. Weit mehr noch als beim Erinnern handelt es sich beim Zeugen um einen *performativen Akt*, der eingebunden ist in spezifische kulturelle Rahmenbedingungen, die im Vorhinein bestimmte ›scripts‹ festlegen für die Rollen dieser Interaktion, sowie die Auswahl dessen, was zur Sprache gebracht wird und die Art und Weise, wie dies zu geschehen hat und zu deuten ist. Vier dieser unterschiedlichen *scripts* sollen im Folgenden kurz vorgestellt werden.

1. Der juridische Zeuge – Evidenzsicherung und Beglaubigung

Im Rechtskontext hat der Zeuge (lat. *testis*) eine lange Tradition. Seine Funktion unterscheidet sich im Strafprozess und im Zivilprozess. Im Strafprozess tritt das Opfer selbst als Zeuge auf, während im Zivilprozess der Zeuge als ein Dritter zwischen den Urheber des Schadens und den Geschädigten tritt. Idealerweise bringt im letzteren Falle der Zeuge eine unparteiische Außenperspektive in den Prozess ein, die Neutralität und Objektivität verbürgt. Auch außerhalb eines gerichtlichen Verfahrens kann der Zeuge als ein Dritter die Dyade von zwei Partnern eines Vertrags (man denke etwa an den ›Trauzeugen‹ bei einer Eheschließung) oder einer Transaktion ergänzen. Der Dritte garantiert in diesem Fall die Rechtmäßigkeit des Vertrags oder Verfahrens als Beobachter und unabhängige Instanz. Der Sprachwissenschaftler Emile Benveniste hat auf eine interessante sprachliche Beziehung zwischen der Figur des ›Zeugen‹ und der Figur des ›Dritten‹ hingewiesen: »Etymologisch gesprochen ist ›testis‹ jemand, der als ein dritter (›terstis‹) bei einer Transaktion zugegen ist, die zwei Personen betrifft.«[12]

Im Gerichtsprozess spricht der Zeuge nicht für sich, sondern übernimmt eine ihm zugewiesene Rolle im übergeordneten Verfahren einer nachträglichen Wahrheitssuche und -findung. Was er zu sagen hat und wie er es zu sagen hat, sind Teil eines hoch formalisierten Verfahrens, in dem das Zeugnis Evidenz- und Beweisfunktion im Prozess der Urteilsfindung hat. Die Zeugenaussage findet

---

[12] Zitiert nach Jacques Derrida, »»A Self-Unsealing Poetic Text‹ – Poetics and Politics of Witnessing«, in: Michael Clark (Hg.), *Revenge of the Aesthetic*, Berkeley 2000, S. 180–207, hier S. 186.

in der rigiden Form des ›Verhörs‹ bzw. der ›Anhörung‹ statt. Das Zeugnis wird dabei reduziert auf Aussagen, die von den Instanzen des Gerichts im größeren Kontext einer Argumentation oder Beweisführung als relevant erachtet werden. Das Format der Befragung ist interaktiv, aber nicht dialogisch; es ähnelt in der asymmetrischen Verteilung von Fragen und Antworten eher der Inquisition oder dem Examen. Auch dort, wo das Opfer in eigener Sache spricht, kann es die Form der Informationsübermittlung nicht selbst bestimmen, sondern hat auf präzise Fragen in einer festgelegten Reihenfolge zu antworten. Denn im Zentrum steht immer das gerichtliche Verfahren selbst, nicht das Individuum.[13]

Eine Voraussetzung des Verfahrens ist, dass der Augen- oder Ohren-Zeuge, der am Schauplatz der Gewalt oder des Unfalls anwesend war, eine körperlich sinnliche Wahrnehmung von dem Geschehen hat und in der Lage ist, diese nachträglich in die Untersuchung einzubringen. Genau genommen sind im so konstruierten Akt des Zeugens und dem juridischen Setting mindestens vier Voraussetzungen enthalten:
- die Unparteilichkeit des Zeugen
- seine unmittelbare sinnliche Wahrnehmung am Schauplatz der Gewalt
- seine Zuverlässigkeit: die Unterstellung einer akkuraten Speicherung der Wahrnehmung im Gedächtnis bis zum Moment der Abrufung
- seine Glaubwürdigkeit: Durch die unter Eid gestellte Aussage wird eine absichtliche Täuschung erschwert.

Das Wahrheitsproblem wird im Rahmen des juridischen Verfahrens also dadurch pragmatisch klar begrenzt, dass die Frage der Zuverlässigkeit des Zeugnisses (im Sinne von *accuracy*) mit der Frage seiner Glaubwürdigkeit (im Sinne von *sincerity*) kurzgeschlossen wird.

---

[13] Als Beispiel für die mangelnde Passförmigkeit zwischen dem Fragebogen des Richters und den Erfahrungen des traumatisierten Zeugen vgl. das (dort im Anhang abgedruckte) Gerichtsprotokoll in Anita Lasker-Wallfisch, *Ihr sollt die Wahrheit erben. Breslau – Auschwitz – Bergen-Belsen*, Bonn 1997.

2. Der religiöse Zeuge – Bekennen und Bezeugen

Während das lateinische Wort für Zeuge *testis* auf den juridischen Kontext verweist, verweist das griechische Wort für Zeuge *martys* auf einen religiösen Kontext. Beim Begriff des Märtyrers haben wir es mit einem Opfer zu tun, das von der Möglichkeit abgeschnitten ist, mit seinem Zeugnis vor einem irdischen Gericht Gehör zu finden. Das liegt daran, dass in diesem Fall die Gewalt nicht von einem einzelnen Menschen ausgeht und der Staat sich zum Anwalt der Wiederherstellung von Ordnung macht, sondern der Staat selbst die Quelle dieser Gewalt ist, was irdische Appellationsinstanzen ausschließt. Der Märtyrer ist das Opfer einer politischen Gewalt, der er erliegt; aber er tut dies nicht, ohne an eine höhere religiöse Instanz zu appellieren und auf diese Weise den physischen Tod in einen symbolischen Akt umzukodieren. Aus dem ›Sterben an‹ wird so ein ›Sterben für‹. Die performative Botschaft, die im Sterben zum Ausdruck gebracht wird, ist das Bekenntnis zu einem überlegenen Gott. Im Akt dieses Bekenntnisses verwandelt sich das wehrlose passive und widerwillige Opfer (im Sinne von lat. *victima*) in ein überlegenes, aktives und williges Subjekt der Opferhandlung (im Sinne von lat. *sacrificium*). Diese radikale Inversion von politischer Unterlegenheit in religiöse Überlegenheit, von Trauma in Triumph, ist eine Sache des kulturellen Rahmens, in dem dieses Geschehen erlebt, erzählt, interpretiert, bewertet wird.

Da der Märtyrer mit dem bekennenden Zeugnis auf seinen Lippen stirbt (*kiddush ha-shem*, ›den göttlichen Namen heiligen‹, ist die jüdische Formel für den Märtyrertod), verhallt dieses Bekenntnis mit seinem Tod und es ist nicht gewährleistet, dass dieser Akt auf Erden eine nachhaltige Bedeutung gewinnen und weiterwirken kann. Deshalb bedarf der Zeuge-als-Märtyrer eines zweiten Augen-Zeugen, der seinen Tod wahrnimmt, ihn als Opfer (*sacrificium*) anerkennt und als sinnhaftes Zeugnis weiter tradiert. Im religiösen Kontext verdoppelt sich somit das Zeugen in zwei Akte: das Bekennen und das Bezeugen des Bekenntnisses. Das Wort ›Martyrion‹ bedeutet ursprünglich ›Zeugenbericht über den Opfertod eines Menschen‹.[14]

---

[14] Hans Quecke, »Ich habe nichts hinzugefügt und nichts weggenommen. Zur Wahrheitsbeteuerung koptischer Martyrien«, in: Jan Assmann et al. (Hg.), *Fragen an die altägyptische Literatur. Studien zum Gedenken an Eberhard Otto*, Wiesbaden 1977, S. 399–416.

Das Martyrium konstituiert sich also nicht allein im gewaltsamen Tod, sondern erst im Bericht über diesen Tod.[15] Im Bericht wird der Augenblick der äußersten Unterlegenheit und der Auslöschung im physischen Tod als ein performativer Akt des Zeugens nicht nur von innen vollzogen, sondern auch von außen gedeutet und damit in ein über diesen Tod hinausragendes (*superstes*[16]) Zeugnis verwandelt. Das Zeugnis ist somit das, was den Märtyrer überlebt und den Sieg des Verfolgers untergräbt. In diesem Verhältnis des sekundären Zeugen stehen die Evangelisten zum Märtyrertod Christi und steht die katholische Kirche zu den verfolgten und ermordeten Heiligen, die sie als Märtyrer kanonisiert hat. Diese sekundären Zeugen sind keineswegs nur ein Epiphänomen des Martyriums; sie sind es, die die religiöse Botschaft kodieren und zu einer fundierenden Geschichte ausgestalten, auf die sich Glaubensgemeinschaften gründen.

Das Moment der Augen-Zeugenschaft wird bei den Evangelisten durchgängig hervorgehoben. Was sie niederschreiben ist durch Autopsie, durch die eigenen Sinne bezeugt. In Johannes 21,24 heißt es: »dieser Jünger ist es, der all das bezeugt und der es aufgeschrieben hat, und wir wissen, dass sein Zeugnis wahr ist.« Johannes ist auch der Jünger, der bei der Kreuzigung zugegen war: »und der, der es gesehen hat, hat es bezeugt, und sein Zeugnis ist wahr.« (Joh. 19,35) In der christlichen Ikonographie wird Johannes als Zeuge durch den Akt des ›Zeigens‹ hervorgehoben. Auf Matthias Grünewalds Altarbild der Kreuzigung Christi zum Beispiel wird der Jünger Johannes mit einem überlangen Zeigefinger dargestellt, der auf den Gekreuzigten zeigt. ›Zeugen‹ und ›Zeigen‹ liegen hier nahe beieinander.

Die katholische Kirche spricht mit Blick auf Seligsprechungen wie die von Bernhard Lichtenberg oder Edith Stein auch von ›Glaubenszeugen‹.[17] Die Nationalsozialisten haben das Wort ›Mär-

---

[15] Nach rabbinischer Vorschrift darf ein Jude nur dann das Martyrium auf sich nehmen, wenn zehn vollgültige Zeugen anwesend sind (Frauen und Blinde werden nicht als gültige Zeugen anerkannt). Verena Lenzen, *Jüdisches Leben und Sterben im Namen Gottes*, München 1995, S. 102.

[16] Das Wort ›superstes‹ hat Benveniste wie folgt erläutert: »Superstes describes the ›witness‹ either as the one who ›subsists beyond‹, witness at the same time as survivor, or as ›the one who holds himself to the thing‹, who is present there.« Zitiert nach Derrida, »A Self-Unsealing Poetic Text«, S. 187.

[17] Helmut Moll (Hg.), *Zeugen für Christus. Das deutsche Martyrologium des 20. Jahrhunderts*, Paderborn, München 1999.

tyrer‹ mit ›Blutzeuge‹ übersetzt und es damit in den sakralen Kontext ihres politischen Totenkults versetzt. Als Blutzeugen wurden die sogenannten ›Helden der Bewegung‹ kommemoriert, die mit Hitler zusammen beim Kapp-Putsch 1923 auf die Feldherrnhalle in München marschierten und dabei ums Leben kamen.[18] Die politische Variante des religiösen Zeugen hat heute durch den Selbstmordattentäter eine neue Bedeutung erhalten. Auch hier zeigt sich wieder die Bedeutung der kulturellen Rahmen, innerhalb derer das Zeugnis seine performative Kraft entfaltet. Was in westlicher Kodierung als ›Selbstmord‹ klassifiziert wird, gilt in islam(ist)-ischer Kodierung als ›Märtyrertod‹. Neu ist an dieser Form des Martyriums allerdings, dass der Märtyrer sich in eine Waffe verwandelt, die andere Menschen mit in den Tod reißt. Im Gegensatz zum herkömmlichen Attentäter, der sich auf herausragende Einzelpersönlichkeiten wie z. B. Staatschefs konzentrierte, ist das Opfer des Selbstmordattentäters eine möglichst große ›anonyme Menschenmasse‹. Diese Form des Attentats ist gleichzeitig auf eine mediale Breitenwirkung angewiesen, die eine globale Öffentlichkeit zu widerwilligen und entsetzten Zeugen macht. Dieses Medien-Zeugnis ist ein wesentlicher Teil des Anschlags selbst, dem es darum geht, auch unter denen, die nicht unmittelbar betroffen sind, dauerhaft Furcht und Schrecken zu verbreiten.[19]

3. Der historische Zeuge – Erfahren, Beobachten, Berichten

Die Stichworte ›Medien‹ und ›Öffentlichkeit‹ leiten über zum dritten Typ des Zeugen, dem historischen Zeugen. Einer seiner Vorläufer ist der Bote, der in einer Welt ohne Zeitungen, Reporter, Bilder und Nachrichtenkanäle für die Weitergabe einschneidender Begebenheiten zuständig ist. Wir kennen ihn aus der antiken und klassischen Tragödie als die Figur, die die Nachricht eines einschneidenden Ereignisses überbringt. Durch diese Figur wird die Distanz zwischen dem fernen Schauplatz einer (meist gewalttätigen) Handlung zum Geschehen auf der Bühne überbrückt. Er ist

---

[18] Sabine Behrenbeck, *Der Kult um die toten Helden. Nationalsozialistische Mythen, Riten und Symbole 1923 bis 1945*, Greifswald 1996.
[19] Robert Pape, *Dying to Win. The Strategic Logic of Suicide Terrorism*, New York 2005.

das *missing link* zwischen dem Ort einer Katastrophe und den in Ort und Zeit entfernten Ahnungslosen. Dieser Bote ist der Augenzeuge, der oft als einziger Überlebender (*superstes*) entkam, um die Nachricht zu überbringen. Als einzig Entkommener hat er den Bericht an die Nachwelt weiterzugeben, wobei das Überlebthaben und das Berichtenmüssen meist in einen engen Zusammenhang gerückt werden.[20] Das antike Institut des Boten beruht aber nicht auf Augenzeugenschaft, sondern auf zuverlässiger Memorierfähigkeit.[21] Da diese Fähigkeit jedoch auch immer in Frage gestellt wurde, waren in das Zeugnis des Boten zur Bekräftigung der Zuverlässigkeit seiner Aussage entsprechende Wahrheitsbeteuerungen eingelassen. Die stereotype Formel für die Wahrhaftigkeit des Berichts lautet: Ich habe nichts hinzugefügt, nichts weggenommen und nichts umgestellt.[22] Durch Übernahme dieser Formel des Boten in das Zeugnis des Zeugen wird es, sprechakttheoretisch gesprochen, zu einer beglaubigten, autorisierten Aussage.

Der historische Zeuge ist aber nicht nur der Überlebende, sondern auch der Noch-Lebende, der durch seine Erfahrung und Erinnerung das lebendige Zeugnis wichtiger vergangener Ereignisse an die Nachwelt weitervermittelt. Wie das Zeugnis des juridischen Zeugen vor Gericht in die Beweisführung des Richters, so fließt das Zeugnis des historischen Zeugen in die Rekonstruktion des Geschichtsschreibers ein. Obwohl und weil Geschichtsschreibung ohne den historischen Zeugen nicht möglich ist, bleibt sein Status vor allem für die professionelle Historiographie kontrovers.[23]

---

[20] Vgl. Benveniste, zitiert nach Derrida, »A Self-Unsealing Poetic Text«.
[21] Konrad Ehlich, »Text und sprachliches Handeln. Die Entstehung von Texten aus dem Bedürfnis nach Überlieferung«, in: Aleida und Jan Assmann, Christof Hardtmeier (Hg.), *Schrift und Gedächtnis. Archäologie der literarischen Kommunikation*, München 1983, S. 24–43.
[22] Vgl. Quecke, »Ich habe nichts hinzugefügt und nichts weggenommen«. Zur Zeugen- bzw. Kanonformel, die später bei den Kopisten wiederkehrt, vgl. Aleida Assmann, »Fiktion als Differenz«, in: *Poetica* 21 (1989), S. 239–260.
[23] Wolfgang Kraushaar, »Der Zeitzeuge als Feind des Historikers? Neuerscheinungen zur 68er Bewegung«, in: *Mittelweg 36*, Nr. 6 (Dezember 1999/Januar 2000), S. 49–72; Peter Burke, *Eyewitnessing. The Uses of Images as Historical Evidence*, Ithaca 2001; Johannes Fried, *Der Schleier der Erinnerung*, München 2004.

Als historische Zeugen können wir auch Bildreporter und Journalisten unseres Medienzeitalters bezeichnen, die unter z. T. gefährlichen Umständen Berichte von den Krisengebieten der Welt in die globalen Nachrichtenkanäle einspeisen. Von den normalen Reportern unterscheiden sich die historischen Zeugen dadurch, dass sie von Schauplätzen der Ungerechtigkeit und Gewalt nicht nur Informationen, sondern auch Botschaften mit einer besonderen Appellfunktion zurücksenden. Diese historischen Zeugen sind keine unparteiischen Beobachter sondern engagierte, mit den Unterlegenen und Leidenden Partei ergreifende Zuschauer wie der vietnamesische Bild-Reporter ›Nick‹ Ut, der das nackte, vor dem Napalmfeuer fliehende vietnamesische Mädchen photographiert hat, oder der amerikanische Photograph James Nachtwey. Auf der Homepage des Letzteren ist zu lesen: »I have been a witness, and these pictures are my testimony. The events I have recorded should not be forgotten and must not be repeated.«[24] Sie richten ihr Zeugnis an die Weltöffentlichkeit, um diese mit Bildern und Berichten auf konkrete Fälle von Unglück, Armut, Unrecht und Gewalt aufmerksam zu machen. Durch die globalisierten Bildmedien, darauf hat Hans-Georg Soeffner hingewiesen, verwischt sich die Grenze zwischen Augenzeugen und Zuschauern:

> Bei dem tendenziell omnipräsenten und dauerhaft mit medialer Aktualität versorgten Zuschauer [entsteht] beinahe zwangsläufig die Illusion, er sei, während er vor dem Bildschirm sitzt, mitten im Geschehen, also tatsächlich ›dabei‹. Stattdessen wird jedoch mit eben dieser Illusion der Sachverhalt verdeckt, dass mit zunehmender Medienrezeption ein immer größerer Verlust an verlässlicher Eigenerfahrung verbunden ist.[25]

Eine weitere Erscheinungsform des historischen Zeugen ist schließlich der ›Zeitzeuge‹, der eine zentrale Bedeutung im Rahmen der *Oral History*-Forschung erlangte. Der Impuls dieser neueren internationalen Forschungsrichtung, die sich seit den 1960er Jahren als

---

[24] James Nachtwey, http://www.jamesnachtwey.com, letzter Zugriff: 13.09.2011.
[25] Hans-Georg Soeffner, »Die eilige Allianz: Terrorismus und Medien«, in: Antje Gunsenheimer (Hg.), *Grenzen, Differenzen, Übergänge. Spannungsfelder inter- und transkultureller Kommunikation*, Bielefeld 2007, S. 77–92.

ein Zweig der ›Zeitgeschichte‹ etabliert hat, geht dahin, unser Wissen von geschichtlichen Ereignissen durch die Erfahrungsdimension zu bereichern und dabei zugleich auch die Dimension einer ›Geschichte von unten‹ in die Historiographie einzuführen.[26] Um als eine historische Quelle anerkannt zu werden, gilt für viele Historiker das Prinzip des ›zeitnahen Zeugnisses‹. Zeugnisse über den Holocaust, die bis 1946 niedergelegt worden sind, werden anders eingestuft als Zeugnisse, die 50 Jahre nach den Ereignissen aufgezeichnet wurden. Der Zeitzeuge, so hat es Günter Grass einmal formuliert, ist »eine aussterbende Spezies«. Diese Spezies wächst zwar immer wieder nach, doch wird sie meist erst an der Schwelle ihres Ablebens als Hüter einer kostbaren Erfahrung gewürdigt. Dass das Ableben einer älteren Generation, an sich das Natürlichste auf der Welt, heute überhaupt zu einem so brennenden Thema geworden ist, hängt mit dem epochalen Ereignis des Zweiten Weltkriegs und des Holocaust zusammen. Die immer weniger werdenden Zeitzeugen sind das letzte lebendige Bindeglied, das uns heute noch mit der Zeit der NS-Diktatur verbindet. Der terminologische Wandel von ›Tätern‹ zu ›Zeitzeugen‹, der seit etwa einem Jahrzehnt zu beobachten ist, deutet auf eine ›Biographisierung‹ der NS-Zeit hin, die mit einem wachsenden Abstand zur Epoche der Verbrechen und einem Wechsel der Generationen zusammenhängen mag. Zeitzeugen bezeugen alles Mögliche, nur keine eigenen Verbrechen. Während es im Zusammenhang mit dem Holocaust so gut wie keine (freiwilligen) ›Täterzeugnisse‹ gibt, gibt es umso mehr Zeugnisse von Opfern. Diese Zeugnisse wiederum stellen ein historisches Novum dar und erfordern deshalb die Einführung eines *neuen* Typus, den des ›moralischen Zeugen‹.

4. Der moralische Zeuge – der traumatisierte Körper
   als Evidenz und Stigma

In der Nachwirkung des Holocaust ist im ausgehenden 20. Jahrhundert eine neue Manifestation des Zeugen entstanden. Wir können ihn mit einem Begriff des israelischen Philosophen Avishai Margalit den ›moralischen‹ Zeugen nennen. In einem Kapitel sei-

---

[26] Lutz Niethammer (Hg.), *Lebenserfahrung und kollektives Gedächtnis. Die Praxis der ›Oral History‹*, Frankfurt am Main 1985.

nes Buches *The Ethics of Memory* hat er ihn vorgestellt und seine Besonderheit am Beispiel des Holocaust-Überlebenden beschrieben.[27] Obwohl dieser neue Typ Züge von allen anderen Zeugen in sich aufgenommen hat, unterscheidet er sich von diesen zugleich grundlegend.

Mit dem religiösen Zeugen hat der moralische Zeuge gemeinsam, dass er die Rollen des Opfers und des Zeugen in sich vereinigt. Was ihn allerdings vom Märtyrer unterscheidet, ist, dass er nicht durch sein *Sterben* sondern durch sein *Überleben* zum Zeugen wird. Als Überlebender (*superstes*) wird er wiederum in erster Linie zum Sprachrohr und Zeugen für die, die nicht überlebt haben. Er wird zum Sprachrohr der ermordeten Toten und ruft ihre ausgelöschten Namen in Erinnerung. Das Zeugnis des moralischen Zeugen steht deshalb, worauf Sigrid Weigel hingewiesen hat, nicht (nur), wie das des juridischen Zeugen, im Zeichen der *Anklage*, sondern vor allem auch im Zeichen der *Toten-Klage*. Die Klage als Form des Zeugnisses hat wenig mit der buchhalterischen Genauigkeit des vor Gericht geforderten Zeugnisses gemein, denn es schließt gerade auch das Schweigen als das Nicht-Sprechen-Können mit ein.[28] Der zweite, nicht weniger wichtige Unterschied zum religiösen Zeugen ist, dass der moralische Zeuge keine positive Botschaft bezeugt, wie die Macht eines überlegenen Gottes, für die es sich zu sterben lohnt. Im strikten Gegensatz zu solch sakrifizieller Semantik offenbart er und sie ein kolossales Verbrechen, künden sie von dem Bösen schlechthin, das sie in Form einer organisierten verbrecherischen Gewalt unmittelbar am eigenen Leibe erfahren haben. Ihre negative Botschaft hat deshalb nicht das Zeug zur Sinnstiftung und damit auch nicht zu einer fundierenden Geschichte, auf die sich Gemeinschaften gründen lassen. So gesehen, konstituiert dieses individuelle Zeugnis keine für ein Kollektiv ›brauchbare‹ Erinnerung. Das heißt jedoch nicht, dass nicht auch dieses Zeugnis identitätspolitisch vereinnahmt und in ein motivierendes und staatstragendes Narrativ transformiert werden kann.

---

[27] Avishai Margalit, *The Ethics of Memory*, Cambridge (MA) 2002, S. 147–182.

[28] Sigrid Weigel, »Zeugnis und Zeugenschaft, Klage und Anklage. Die Geste des Bezeugens in der Differenz von ›identity politics‹, juristischem und historischem Diskurs«, in: Rüdiger Zill (Hg.), *Zeugnis und Zeugenschaft. Jahrbuch des Einsteinforum*, Berlin 2000, S. 111–135, hier S. 120–123.

Wie der religiöse ist auch der moralische Zeuge auf einen ›sekundären Zeugen‹ angewiesen, der seine Botschaft aufnimmt. Primo Levi träumte bereits in Auschwitz den Alptraum, dass er endlich nach Hause zurückkehrte und dort aber niemand seine Geschichte hören wollte. Ohne Aufnahme der Botschaft des moralischen Zeugen wäre sein Überleben, das ihm die zwingende Verpflichtung zur Zeugenschaft auferlegte, sinnlos geworden.

Niemand
zeugt für den
Zeugen

heißt es in dem Gedicht »Aschenglorie« von Paul Celan.[29] Im Jahre 1967, als dieser Gedichtband erschien, begann sich das Blatt zu wenden. Während das Zeugnis Anfang der 60er Jahre in den großen Holocaust-Prozessen in Jerusalem (1961) und Frankfurt (1963–65) noch in das feste Format des juridischen *Verhörs* eingepasst war, baute sich allmählich auch außerhalb des Gerichtssaals ein gesellschaftliches Milieu der Anteilnahme auf, das es den Überlebenden ermöglichte, auch außerhalb der institutionellen Rahmen in der Bevölkerung *Gehör* zu finden. Diesem Punkt des Gehör-Verschaffens widmete sich zwei Jahrzehnte später das Projekt des Fortunoff Archivs für Holocaust-Video-Zeugnisse, an dem sich Geoffrey Hartman von Anfang an engagierte. Diese Arbeit blieb über weitere zwei Jahrzehnte ein zentrales Thema seiner Forschung, was im vorliegenden Band deutlich dokumentiert ist. In diesem Zusammenhang hat Hartmans Begriff des ›sekundären Zeugen‹ eine wichtige Bedeutung erlangt,[30] der mit dem des moralischen Zeugen als dessen komplementäre Ergänzung in eine entscheidende Konstellation eintritt. Aus soziologischer Sicht hat auch Bernhard Giesen diese Konstellation von primärem und sekundärem Zeugen, zwischen traumatisiertem Opfer und dem Repräsentanten einer moralischen Gemeinschaft näher kommen-

---

[29] Paul Celan, *Atemwende*, Frankfurt am Main 1967, S. 68.
[30] Vgl. Geoffrey Hartman, »Der intellektuelle Zeuge«, in: *Menorah Jahrbuch* (1998), S. 245–263 und (neu übersetzt) »Intellektuelle Zeugenschaft und die Shoah«, in: Ulrich Baer (Hg.), *»Niemand zeugt für den Zeugen«. Erinnerungskultur und historische Verantwortung nach der Shoah*, Frankfurt am Main 2000, S. 35–52.

tiert. Im Augenblick der Verfolgung, Erniedrigung und Ermordung haben traumatisierte Opfer keine Gesichter, keine Stimmen, keinen Ort, keine Geschichte. Es ist erst die universalistische Gemeinschaft jenseits der Täter-Opfer-Dyade, bestehend aus nicht betroffenen ›Dritten‹ (*terstes*), die auf das Zeugnis dieser Zeugen hören und ihnen den Status des Opfers zuerkennen.[31] Aus dem ›Opfer‹ als Folge einer viktimisierenden Gewalt wird damit das ›Opfer‹ als eine soziale Konstruktion durch eine moralische Gemeinschaft in einem medialen Öffentlichkeitsraum. Die moralische Gemeinschaft, die sich auf der Basis zivilgesellschaftlicher Werte von der viktimisierenden Gewalt distanziert, kann tendenziell die gesamte Menschheit umfassen, weil sie auf die universalistischen Werte der Menschenwürde und der Achtung der physischen Integrität der Mitmenschen gegründet ist. Als eine inklusive universalistische Gemeinschaft ist sie zugleich auf die schrankenlose Arena des öffentlichen Diskurses gegründet, womit sie grundsätzlich quer steht zu exklusiven Gruppenbildungen, die klare Identitätsgrenzen ziehen und Kriterien der Zugehörigkeit markieren. Mit seiner Funktion der Grundlegung einer moralischen Ordnung und der Betonung von Schuld und Verantwortung nimmt dieser Diskurs gewisse Prämissen des Rechtssystems auf, die er in die Gesellschaft hinein verallgemeinert. Ohne mit dem Rechtssystem zu konkurrieren, trägt dieser universalistische Diskurs der Wucht und dem Ausmaß eines Verbrechens Rechnung, das nur sehr fragmentarisch und unvollkommen in der Form üblicher Strafverfolgung zu bearbeiten ist.[32] Es ist dieser Überschuss an Gewalt, Verbrechen und Trauma, der nicht juristisch abgetragen werden kann und in die Verantwortung der Gesellschaft übergeht, die die Aufgabe einer sekundären Zeugenschaft annimmt und die traumatische Vergangenheit nachträglich im Rahmen einer Erinnerungskultur bearbeitet, die die Empathie und Solidarität mit den Opfern in den Mittelpunkt stellt.

An diesem neuen Typus des ›moralischen Zeugen‹ hat Margalit drei Aspekte als besonders wichtig hervorgehoben: die verkörperte

---

[31] Bernhard Giesen, *Triumph and Trauma*, London 2004, S. 51. Ich kann Giesen allerdings nicht folgen in seiner Verallgemeinerung und Ausweitung des traumatischen Opferbegriffs auf die unpersönliche und anonymisierte moderne Massengesellschaft (S. 51, S. 53 und S. 65).

[32] Vgl. ebd., S. 65.

Wahrheit des Zeugnisses, die Konstruktion einer moralischen Instanz und die Wahrheitsmission. Zunächst zur *verkörperten Wahrheit*: Margalit unterscheidet den moralischen Zeugen sorgfältig von den neutralen und unbeteiligten Beobachtern, die dem Typus des juridischen oder historischen Zeugen angehören. Absolut entscheidend für den moralischen Zeugen ist nach Margalit die Personalunion von Opfer und Zeugen: Er und sie haben das Verbrechen, das sie bezeugen, am eigenen Leibe erfahren. Da sie ungeschützt und unmittelbar der Gewalt ausgesetzt waren, hat sie sich in ihre Körper und Seelen eingeschrieben. Der Körper ist somit der bleibende Schauplatz der traumatisierenden Gewalt und damit zugleich das ›Gedächtnis‹ dieser Zeugen, das sich nicht so einfach veräußern lässt wie die Botschaft, die der Bote zu überbringen hat. Der moralische Zeuge ist kein Gefäß für eine Botschaft, das Gefäß ist hier selbst die Botschaft. Die alte Frage nach der Wahrheit des Zeugnisses stellt sich damit auf eine neue Weise: Sie lässt sich weder, wie beim Gerichtszeugen, durch einen Eid, noch, wie beim Boten, durch eine Beteuerungsformel bekräftigen. Die Wahrheit und Autorität dieses Zeugnisses liegt allein in der Teilhabe am Trauma des Holocaust durch eine unmittelbare und unveräußerliche körperliche Erfahrung von Gewalt. Die verkörperte Wahrheit des Zeugen ist in diesem Fall wichtiger als die noch so authentische und akkurate Exaktheit des Berichts, die man einem gewissen Binjamin Wilkomirski bescheinigt hat.[33] Moralische Zeugen, schreibt Jay Winter, »sind keine Spezialisten für unverstellte Wahrheit. Was sie zu bieten haben ist eine sehr subjektive Konstruktion der Extremsituation, der sie ausgesetzt waren.«[34] Als Verkörperungen der traumatischen Erfahrung sind sie als Opfer zugleich lebende Beweise des Verbrechens, von dem sie Kunde geben.

Eine weitere Unterscheidung zwischen juridischem und moralischem Zeugen besteht nach Margalit darin, und hier trifft er sich mit den Überlegungen von Bernhard Giesen, dass er sein / sie ihr

---

[33] Binjamin Wilkomirski, alias Bruno Dössecker, war der Autor einer Holocaust-Autobiographie (*Bruchstücke. Aus einer Kindheit 1939–1948*, Frankfurt am Main 1995), die sich später als eine Fälschung herausstellte. Der Autor, der in großer Detailgenauigkeit seine Erfahrungen als Kleinkind in Todeslagern schildert, hat die Schweiz in den 40er Jahren nie verlassen.
[34] Jay Winter, *Remembering War. The Great War Between Memory and History in the Twentieth Century*, New Haven 2006, S. 271.

Zeugnis vom Verbrechen nicht innerhalb der Institution des Gerichts, sondern in der viel allgemeineren *öffentlichen Arena einer moralischen Gemeinschaft* ablegt. Moral ist gewiss kein Ersatz für Recht, sie ist eine Ergänzung des Rechts und antwortet – und das zum Teil noch nachträglich nach Jahrzehnten und Jahrhunderten – auf die Überschüssigkeit des transkriminellen Verbrechens. Indem der Zeuge und die Zeugin für ihr Zeugnis außerhalb des Gerichts Gehör finden, bringen sie performativ und interaktiv eine moralische Gemeinschaft hervor, die selbst keine feste Gestalt oder Institution hat. Sie entsteht allein dadurch, dass an sie appelliert wird. Erst durch Einbeziehung dieses Dritten (*terstis*), des unbeteiligten Adressaten, konstituiert sich jene Appellationsinstanz, die das Zeugnis ihrerseits ermöglicht, indem die Geschichte des Opfers Gehör findet und sein Zeugnis bezeugt wird.[35] Es sind derzeit Entwicklungen zu beobachten, die zeigen, dass demokratische Gesellschaften sich bemühen, auch moralischen Fragen eine Rechtsform zu geben. Das Rechtssystem antwortet damit gewissermaßen auf den Druck des gestiegenen Moralbewusstseins in der öffentlichen Arena.

Neben der Verkörperung des Zeugnisses und der Hervorbringung einer moralischen Instanz betont Margalit als ein drittes Merkmal des moralischen Zeugen die *Wahrheitsmission*. Die Wahrheitsmission setzt eine Welt voraus, in der das Zeugnis des traumatisierten Opfers ignoriert, verleugnet, verdrängt, vergessen, verfälscht oder sonst irgendwie beschönigt wird. Die Wahrheitsmission des moralischen Zeugen steht in unmittelbarem Gegensatz zum Verschleierungsbedürfnis des transkriminellen Täters. Der eine ruft den anderen auf den Plan. Die charakteristische Täterintention ist die Spurenverwischung und Abwehr von Schuld durch Leugnung und andere Ausweichstrategien. Das perfekte Verbrechen ist eines, bei dem der Verbrecher keine Spuren zurücklässt, bei dem bereits die Tatsache des Verbrechens selbst erfolgreich verschleiert wird. ›Wer erinnert sich heute noch an die Armenier?‹ hatte Hitler höhnend und selbstsicher im Jahre 1939 gefragt, dem Jahr seines mörderischen Angriffskriegs. Sein Wunsch war, dass die ›Endlösung der Judenfrage‹ ebenfalls keinerlei Gedächtnisspur

---

[35] Für den Überschuss des transkriminellen Verbrechens gibt es inzwischen auch eine juristische Institution: den transnationalen Gerichtshof in Den Haag. Vgl. Kai Ambos, *Internationales Strafrecht*, München 2006.

hinterlassen würde.[36] Vergessen schützt die Täter und schwächt die Opfer, weshalb inzwischen das Erinnern in Gestalt des Zeugnisses zu einer ethischen Pflicht und einer Form des nachträglichen Widerstands geworden ist. Die Wahrheit ist, was wiederholt hervorgehoben wurde, das erste ›Opfer‹ (im Sinne von *casualty*) eines Krieges; im Falle eines Genozids ist es das einzige, das überhaupt wiederhergestellt werden kann. Das ist auch die Aufgabe der neuen Institution der ›Truth and Reconciliation Commissions‹, die seit den 1980er Jahren nach Regimewechsel und Bürgerkriegen versucht, die historische Wahrheit über den Hergang traumatischer Gewalt-Ereignisse (zum Teil unter Einklammerung der juristischen Verfolgung) unbestechlich zu rekonstruieren.[37]

Im Falle des nationalsozialistischen Verbrechens des Judenmords waren Vergessen und Spurenverwischung keine nachträgliche Strategie der Vertuschung, sondern bereits Teil des Verbrechens selbst. Es ist diese Strategie des Verbergens und Verheimlichens, die bei den Tätern zumindest indirekt auf ein subjektives Bewusstsein von Verbrechen und Schuld schließen lässt. Günther Anders verdanken wir den wichtigen Hinweis, »dass das Verdrängen oft nicht erst nach der Tat, sondern im Tun selbst, während des Tuns, nein: vor dem Tun, geradezu als dessen Voraussetzung, wirksam ist«.[38] Diesem Wunsch des Täters nach Vergessen korrespondiert spiegelsymmetrisch der Wunsch des Opfers nach moralischer Zeugenschaft. Während der eine auf Vergessen und Vertuschen ausgerichtet ist, hat sich der andere der Spurensicherung, dem Erinnern und Erzählen verschrieben. Moralische Zeugen, so schreibt Jay Winter, sind Menschen, »die ein Gefühl der Wut, des Entsetzens, der Frustration bewahren gegenüber den Lügen, Verstellungen, Umdeutungen oder Beschönigungen ihrer schmerzhaft erfahrenen Vergangenheit.«[39]

---

[36] Dirk Rupnow, *Vernichten und Erinnern. Spuren nationalsozialistischer Gedächtnispolitik*, Göttingen 2005.
[37] Alexander Boraine, *A Country Unmasked. Inside South Africa's Truth and Reconciliation Commission*, Oxford 2000.
[38] Günter Anders, *Wir Eichmannsöhne. Offener Brief an Klaus Eichmann*, München 2002, S. 79–80.
[39] Winter, *Remembering War*, S. 267. Ein einschlägiges Beispiel ist der Fall ›David Irving versus Deborah Lipstadt‹, bei dem die Wahrheitsmission über ein Gerichtsverfahren in den Diskurs der Geschichtswissenschaft getragen wurde.

36 Die Zukunft der Erinnerung

*Sekundäre Zeugenschaft und die Zukunft
der Holocaust-Erinnerung*

Dieser Essay hat uns über verschiedene Stationen geführt, die hier noch einmal kurz rekapituliert werden sollen. Ausgehend von den Begriffen Pathos und Passion, die Widerfahrnis, Leidenschaft und Leiden bedeuten, haben wir unterschiedliche Traditionen der Leidensgeschichten im Mythos, der Literatur, der Religion und der rezenten Geschichte besichtigt. Mithilfe von Badious Formel von der ›Passion fürs Reale‹ haben wir auf die Gewaltgeschichte des 20. Jahrhunderts und anschließend mit dem Begriff der Zeugenschaft auf deren traumatische Nachgeschichte fokussiert, die bis in unsere Gegenwart reicht. Mit diesem Bogen sollte ein geistiger und historischer Kontext aufgebaut werden, in dem die gedankenreichen und filigranen Texte von Hartman ihr Anregungspotential entfalten können. Abschließend möchte ich noch einmal auf die Position Hartmans zurückkommen und auf die Grundfrage nach der Zukunft der (Holocaust-)Erinnerung, die sich durch seine Texte zieht. Hier muss zunächst noch einmal der grundsätzliche Unterschied zwischen Badiou und Hartman betont werden. Während Badiou in unserer Gegenwart einen »unendlichen Mangel an Sein« (Manfred Frank) durch die verlorene Passion fürs Reale beklagt, setzt sich Hartman umgekehrt mit dem Problem des ›Realitätsverlusts‹ kritisch auseinander. Nach seiner Diagnose, in der er eher Baudrillard folgt, ist dieser Realitätsverlust durch eine konsequente Überblendung von mediatisierter und erfahrener Wirklichkeit verursacht worden, die die Differenz zwischen Welt und Bühne, zwischen Leben und Bildschirm aufgelöst hat. Gegen diese Tendenz der Ununterscheidbarkeit fordert er akribische Aufmerksamkeit und Techniken der Realitätsprüfung ein, um sich gegen die Kultur des Spektakels und ihre suggestiven Verfälschungen in der Allianz von Medien und Politik zu wappnen. Einen Zugang zum Realen haben seiner Meinung nach gerade nicht die willensstarken Utopisten, sondern allein die empfindlichen und hellhörigen Künstler im Gegenraum des *espace littéraire*. In der durchweg negativen Einschätzung der Realität als einer verborgenen, unter den gefährlichen Entstellungen erst wieder frei zu legenden Wahrheit macht sich ein gnostischer Zug in Hartmans Denken bemerkbar. Während Badiou Partei ergreift für diejenigen, die sich anmaßen, das Reale (was immer das sein soll) gewaltsam zu verwirklichen, spricht

Hartman für diejenigen, die von dieser Gewalt des Realen tief traumatisiert sind und ihr Vertrauen in die Erscheinungswelt für immer verloren haben.

Die Gegensätze zwischen diesen beiden Positionen lassen sich fortsetzen. Am Ende des Nachworts seiner Vorlesungen über das 20. Jahrhundert kommt Badiou auf das 21. Jahrhundert zu sprechen. In seiner philosophiegeschichtlichen Perspektive konstatiert er deprimiert den Niedergang der großen Hoffnungen und Erzählungen, die sich auf die Überwindung des Menschen gerichtet hatten. Man musste, wie er zusammenfasst, vom Unmenschlichen ausgehen, um das Übermenschliche in den Blick zu nehmen. Weil dieser Blick aufs Übermenschliche die Passion fürs Reale genährt und diese wiederum sehr viel Unmenschliches hervorgebracht hat, ist das Pendel nun in die andere Richtung ausgeschlagen, was Badiou mit Abscheu zur Kenntnis nimmt. Was übrig geblieben ist, so schreibt er, ist ein Bild vom Menschen »ohne Gott, ohne Projekt, ohne Werden des Absoluten«, das »ihn auf seinen animalischen Körper reduziert«. Im Rahmen dieses neuen ›animalischen Humanismus‹ ist der Mensch nicht mehr »als die animalische Gegebenheit eines Körpers, dessen spektakulärste, dessen einzig verkäufliche Bekundung (wir befinden uns auf dem großen Markt), wie man seit den Zirkusspielen weiß, im Leiden besteht.« (215) Die dominierende Ideologie des 21. Jahrhunderts, so Badiou, sei die des Menschen als erbarmungswürdiges und erbärmliches Tier (216). Nachdem die großen Projekte und Ideologien des 20. Jahrhunderts verflogen sind, sei der Mensch als eine »substantialistische oder natürliche Kategorie« übrig geblieben, »zu der wir Zugang haben durch Empathie in das Spektakel der Leiden.« (217)

Das »Spektakel der Leiden« ist in der Tat ein zentrales Erbe des 20. Jahrhunderts und genau der Grund, warum wir dieses Jahrhundert zwar verlassen, aber noch nicht hinter uns gelassen haben. Während Badiou betont, dass man die Passion fürs Reale nicht nach ihren Ergebnissen beurteilen darf (177), sind wir heute noch allenthalben mit den Folgen dieser Vergangenheit konfrontiert, die nicht so einfach vergeht. Was er als einen ›animalischen Humanismus‹ bezeichnet, sollte man richtiger einen ›ethischen Humanismus‹ nennen, denn er beruht nicht einfach auf der ›Natur‹ des Menschen, sondern auf dem ethischen Imperativ der Menschenrechte. Dieser Imperativ fordert die physische Integrität des verletzlichen Menschen und besteht folglich in einem politischen und kulturellen Akt. Die Grundlagen dieses Imperativs reichen weit in die Geschichte zurück, aber im 20. Jahrhundert wurden die entscheidenden Erfahrungen gemacht, die wesentlich zu seiner Durchsetzung beigetragen haben. Jay Winter spricht in diesem Zusammenhang von ›kleinen Utopien‹: Wir finden sie überall, wo Menschen für andere eintreten, unabhängig von politischen Großprojekten und Ideologien, sondern allein aus der Grundsolidarität aller Menschen als verletzliche Wesen heraus. Winter stellt einen direkten historischen Zusammenhang her zwischen der Erklärung der Menschenrechte, die 1948 in Paris unterzeichnet wurde, und den Gewaltexzessen des Holocaust, die ihr vorangegangen sind:

> Die Menschenrechtserklärung ist ein Erinnerungsdokument, eine Liste von Prinzipien, die zusammengestellt wurde, weil ihr eine historische Katastrophe voranging. Der Rechtshistoriker Robert Cover hat einmal betont, ›dass es keine rechtlichen Einrichtungen oder Vorschriften gibt ohne Erzählungen, in denen diese verankert sind und die ihnen Bedeutung zuweisen. Hinter jeder Konstitution steckt ein Epos.‹ Das ›Epos‹ hinter der Erklärung der Menschenrechte war die monumentale Anstrengung, das Nazi-Regime zu zerstören seitens jener Allianz, die sich später die ›Vereinten Nationen‹ nannte.[40]

In der Folge der kumulierten Leiderfahrung nicht nur des Holocaust und des 20. Jahrhunderts hat sich ein ganz neues Vokabular für die Passionsgeschichten der Entrechteten durchgesetzt, zu dem Begriffe wie Trauma, Opfer, Anerkennung und Zeuge gehören. Auch diese Begriffe werden heute in unterschiedlichen kulturellen Rahmen aufgerufen. Neben dem moralischen Humanismus gehören die neuen Wahrheitskommissionen dazu, in deren Kontext der Status des Opfers mit historischer Anerkennung, Angeboten der Versöhnung und u. U. auch Formen der Restitution einhergeht. Der Begriff des Opfers spielt aber auch im Rahmen neuer Formen von Identitätspolitik eine zunehmende Rolle. Diese überformen

---

[40] Jay Winter, »Foreword: Remembrance as a Human Right«, in: Aleida Assmann, Linda Shortt (Hg.), *Memory and Political Change*, Basingstoke 2011. Winter zitiert hier Robert Cover, »The Supreme Court, 1982 Term – Foreword: Nomos and Narrative«, in: *Harvard Law Review* 97 (1983), S. 4–68.

kollektive historische Erfahrungen mit sinngebenden Narrativen, um verpflichtende kulturelle oder politische Identitäten zu profilieren, mit denen man sich im Wettbewerb einer inzwischen weltweiten Opferkonkurrenz um symbolische und materielle Ressourcen zu behaupten sucht. Dieses ›Spektakel der Leiden‹, bei dem es in einem globalen Markt um politische oder ökonomische Ansprüche geht, kann sich sogar als die problematische Kehrseite der Durchsetzung einer Politik der Menschenrechte erweisen, wenn es dabei ausschließlich um die eigenen Leiden und nicht um die der anderen geht.

Um die Differenz zwischen dem moralischen Humanismus und der Opferkonkurrenz genauer zu markieren, müssen wir noch einmal auf Giesens Begriff des ›Dritten‹ und auf Hartmans Begriff des ›sekundären Zeugen‹ zurückkommen. Für Giesen sprengt der Akt des Hinzutretens eines nicht unmittelbar betroffenen empathischen Dritten die Dyade von Täter und Opfer auf und weitet sie damit auf die Möglichkeit einer allgemeinen Zeugenschaft hin aus. Dieser Akt der Öffnung bildet den Kern jeder potentiell universalistischen moralischen Gemeinschaft. Hartman hat den Begriff des ›sekundären Zeugen‹ eingeführt und ihn dem moralischen Zeugen an die Seite gestellt. Dieser Begriff ist so wichtig, weil es ihm bei dieser Zeugenschaft nicht nur um Evidenz und öffentliche Anerkennung des Menschheitsverbrechens geht, sondern ganz ausgesprochen auch um seine Verankerung im Gedächtnis durch kulturelle Weitergabe.[41] Seine Gedanken über die Zukunft dieser Erinnerung sind von Skepsis grundiert. In einer Zeit, in der die Auf-

---

[41] Zum Zeugen bei Hartman vgl. ferner Geoffrey Hartman, »Learning from Survivors. The Yale Testimony Project« und »Holocaust Testimony, Art, and Trauma«, in: ders., *The longest Shadow*, Bloomington 1996, S. 133–150 und S. 151–172 (dt. Titel: *Der längste Schatten. Erinnern und Vergessen nach dem Holocaust*, übers. von Axel Henrici, Berlin 1999); »The Humanities of Testimony: An Introduction«, in: *Poetics Today* 27/2 (Sommer 2006), S. 249–260; »Die Ethik des Zeugnisses. Ein Interview mit Geoffrey Hartman«, in: Michael Elm, Fritz-Bauer-Institut (Hg.), *Zeugenschaft des Holocaust: zwischen Trauma, Tradierung und Ermittlung*, Frankfurt am Main 2007, S. 52–77; »Stimmen aus der Vergangenheit: Interviews von Überlebenden des Nationalsozialismus in systematischen Sammlungen von 1945 bis heute«, in: Daniel Baranowski (Hg.), *»Ich bin die Stimme der sechs Millionen«: das Videoarchiv im Ort der Information*, Berlin 2009, S. 15–26.

merksamkeit durch das Spektakel der Medien chronisch überfordert ist und die Halbwertszeit des als gültig erachteten Wissens immer kürzer wird, greift die Sorge um sich, dass »unsere Vergangenheit keine Zukunft in unserer Zukunft haben wird« (David Rieff). Hartman bietet uns zwei Antworten auf diese Grundfrage nach der Leistungsfähigkeit des kulturellen Gedächtnisses an. Die eine, die Hartman eng mit dem Lebensprojekt von Wolfgang Iser verbindet, ist der Raum der Literatur (*espace littéraire*) als ein Freiraum des Denkens, der Unbestimmtheit und der Negativität, in dem unabschließbare Fragen offen bleiben, aber auch das Schweigen des Traumas hörbar werden kann. Seine andere Antwort ist der sekundäre Zeuge, der in der zeitlichen Dimension eine Leerstelle bezeichnet, genauer: eine Position, die immer neu gefüllt werden kann und muss. Die ersten sekundären Zeugen waren diejenigen, die wie Primo Levi die Geschichten der anderen Häftlinge noch in Auschwitz selbst gehört und in ihr eigenes Zeugnis mit eingebunden haben. Ganz andere sekundäre Zeugen wurden später die Jugendlichen, die in der Schule oder an Gedenkstätten mit Überlebenden zusammentrafen und die Geschichte in der persönlichen Begegnung anhand konkreter Erfahrungsberichte kennen lernten. In wieder anderer Form wurden die Interviewer der Holocaust-Video-Archive zu sekundären Zeugen, die den Überlebenden im Setting der Aufnahme als Gesprächspartner gegenübersaßen. Ihr Gesicht ist freilich, wie Hartman betont hat, im Format dieser Aufzeichnungen nicht erhalten, und das hat seinen guten Sinn. Denn das nicht gezeigte Gesicht des Interviewers markiert eben diese Leerstelle, die durch die späteren Betrachter des Videos immer wieder neu zu füllen ist. Auf diese Weise kann sich die Reihe der sekundären Zeugen über die Schwelle der Zeitgenossenschaft bruchlos fortsetzen. Die beste Sicherung der Zukunft dieser Erinnerung ist deshalb das Eintreten in die Kette dieser Überlieferung.

Geoffrey Hartman

I. Zeugenschaft und Pathosnarrativ

> Hast thou, which art but air, a touch,
> a feeling
> Of their afflictions, and shall not myself
> One of their kind, that relish all as sharply,
> Passion as they, be kindlier mov'd than thou art?
> (Prospero zu Ariel in Shakespeares *The Tempest*)

> What others suffer, we behold.
> (Terrence des Pres)

> Hier erkennen Sie von nun an, im Drama, die Passion,
> um den kanonischen Wortsinn auszuweiten.
> (Mallarmé)

> Wie macht man dem Menschen-Thiere ein Gedächtniss?
> (Nietzsche)

Der Fluss der Zeit geht über persönlich und kollektiv erlittene Erfahrungen mit derselben Gewissheit hinweg wie Unkraut, das einen unbestellten Garten überwuchert; über den verdeckten Schichten wachsen nun andere Gewächse, die jene ersten tilgen. Zwei Aspekte jenseits der offiziellen und professionellen Geschichtsschreibung wirken diesem Erosionsprozess jedoch entgegen. Der erste Aspekt ist rätselhaft: die Existenz von Erfahrungen in einer tiefer gelagerten Schicht, die wir gewöhnlich das Unbewusste nennen und die sich in Träumen, Irrtümern und Ausdrucksweisen wie der Kunst, die nur bedingt intentional gesteuert ist, manifestiert. Das zweite Phänomen ist das nach Maurice Halbwachs benannte kollektive Gedächtnis, obwohl der Begriff eines sozialen Gedächtnisses in vielerlei Hinsicht treffender wäre. Halbwachs Begriff des ›Kollektiven‹ weist daraufhin, dass das Gedächtnis stets in einem sozialen Kontext gebildet wird, unabhängig davon wie privat oder persönlich dieser auch erscheinen mag. Für ihn stellen insbesondere die Familie oder andere »affektive Gemeinschaften« die notwendige Voraussetzung für die Gedächtnisbildung und dessen mündliche Überlieferung dar. Das kollektive Gedächtnis funktioniert diesbezüglich als eine gelebte Verbindung (ein *lien vivant*) und als ein Speicher, die mehrere Generationen miteinander vereinen. »Wenn man so will, gibt es neben der geschriebenen Geschichte eine lebendige Geschichte, die durch die Epochen hindurch fortbesteht oder sich erneuert und innerhalb der es möglich ist, eine ganze Anzahl jener ehemaligen Strömungen wiederzufinden, die nur scheinbar verschwunden waren.«[1]

Der Fokus liegt demnach sowohl auf der intergenerationellen Weitergabe als auch auf der sozialen Entstehung des Gedächtnisses. Ein solcher Überlieferungsprozess kann heutzutage aber nicht mehr ohne Weiteres vorausgesetzt werden, geht man mit Zygmunt Bauman von einer Beschreibung der Moderne aus, deren Fundamente ›flüssig‹ sind und die eine dauerhafte Übersetzung des

---

[1] Maurice Halbwachs, *Das kollektive Gedächtnis*, übers. von Holde Lhoest-Offermann, Stuttgart 1967, S. 50. Um den Schwerpunkt auf eine nicht-phylogenetische und trotz allem identitätsstiftende Weitergabe des kollektiven Gedächtnisses zu legen, führt Jan Assmann den Begriff des »kulturellen Gedächtnisses« ein. Vgl. Jan Assmann, »Kollektives Gedächtnis und kulturelle Identität«, in: ders., Tonio Hölscher (Hg.), *Kultur und Gedächtnis*, Frankfurt am Main 1988, S. 9ff. Von Aleida Assmann stammt eine maßgebliche Studie über die »Formen und Wandlungen des kulturellen Gedächtnisses«, so der Untertitel ihrer Publikation: Aleida Assmann, *Erinnerungsräume*, München 1999. Eine bündige Differenzierung zwischen sozialem und kulturellem Gedächtnis findet sich zudem in Aleida Assmann, *Der lange Schatten der Vergangenheit: Erinnerungskultur und Geschichtspolitik*, München 2006, S. 51–54. Zur Aktualität von Halbwachs sowie zu seinem intellektuellen Milieu vgl. Lutz Niethammer, *Kollektive Identität: heimliche Quellen einer unheimlichen Konjunktur*, Hamburg 2000, S. 314–366. Jay Winter behandelt in seinem Aufsatz »The Memory Boom in Contemporary Historical Studies«, in: *Raritan* 21 (Sommer 2001), S. 52–67 zahlreiche Aspekte, die den Zusammenhang zwischen dem Gedächtnis-Boom und der Konzeption der individuellen, kollektiven und kulturellen Identität vom Ersten Weltkrieg über den Zweiten Weltkrieg, den Holocaust und bis hin zum Vietnamkonflikt betreffen.

»Sterblichen und Vergänglichen in Unvergängliches«[2] nicht mehr gewährleistet.

Für lange Zeit garantierten die mündliche Überlieferung und das damit einhergehende Gedächtnistraining den Fortbestand eines heiligen Codes oder anderer traditioneller Wissenskorpora. Heutzutage würde der »gelebten Geschichte«, wie sie Halbwachs beschreibt, hingegen kaum eine weitreichende Bedeutung zukommen, es sei denn, die mündliche Überlieferung ist dokumentiert, d. h. vermittels literarischer Projekte aufbereitet und aufgezeichnet. Es herrscht demnach eine ausgeprägte Spannung zwischen den Entwicklungen, die das Gedächtnis, und jenen, die das Vergessen befördern. In der Tat beschreibt Nietzsche das Vergessen als aktive Fähigkeit, die trotz der Last der Erinnerung und Geschichte überhaupt erst einen Raum für die Zukunft eröffnet.

Nietzsches Insistenz auf der Notwendigkeit des Vergessens richtet sich jedoch nicht gegen die Weitergabe von Erinnerungen zwischen einzelnen Generationen. Vielmehr attackiert er einen lebensfeindlichen, verkopften Historismus, der von einer Gelehrtenkultur*[3] befördert wird. Nietzsche diskreditierte dieses akademische, überflüssige und letztlich die Geschichte relativierende Wissen als das Produkt einer impotenten, quasi-priesterlichen Klasse, einer Professorenschaft, die von Ressentiments blockiert ist, die sich (nota bene!) in der Symptomatik »intestinale[r] Krankhaftigkeit und Neurasthenie«[4] äußert. Das Versprechen des Lebens von einer offenen Zukunft, hat angesichts eines derart belastenden, zersetzenden und rein retrospektiven Wissens keine Chance.

Ein weiterer Aspekt eines solchen zum Ballast gewordenen Wissens resultiert aus der Zunahme der Katastrophen, die von Menschen verursacht sind. In einer berühmten Passage schreibt Marx: »Die Tradition aller toten Geschlechter lastet wie ein Alp auf dem

---

[2] Vgl. seine Eröffnungsrede zur Konstanzer Meisterklasse 2002. Vollständig ausgeführt ist Baumans These in seiner Publikation *Flüchtige Moderne*, Frankfurt am Main 2003.
[3] Ein Sternchen bedeutet durchgehend, dass die Sprache oder Wortwahl aus dem Original beibehalten wurde, Anm. des Übers.
[4] Friedrich Nietzsche, *Zur Genealogie der Moral*, Kritische Studienausgabe, 5, hg. von Giorgio Colli und Mazzino Montinari, München 1999, S. 265.

Gehirne der Lebenden.«[5] Nur die Revolution könne diesen Alptraum zerstreuen. Aber die Vernichtungs-, Kolonial- und Weltkriege, die mit diesen Revolutionen einhergehen, Konflikte, die mit dem technologischen Fortschritt der Todesmaschinerien verzahnt sind, und »Naturgeschichte der Zerstörung«[6] – all diese Phänomene haben neue Probleme hervorgerufen. Die Notwendigkeit und der Wunsch, die Zukunft nicht vorzeitig preiszugeben, führen nicht selten zu neuen Verdrängungen der Erinnerung oder Geschichte, zu einem Schweigen, das erst wieder nach einer geraumen Latenzphase gebrochen wird.

Die Schwierigkeit im Umgang mit einer übermächtigen, belastenden Vergangenheit und der Anerkennung des geschehen Unrechts erfordert eine kontinuierliche Auseinandersetzung mit dieser traumatischen Vergangenheit. Insbesondere hier eröffnet sich jedoch ein Raum für Künstler und Denker. Ein großer Teil der Erfahrungen, die nie vollständig dem Vergessen anheim gefallen sind, speist sich somit aus Traumata, die erst nachträglich von Wahrheitssuchenden aufgedeckt werden: Historikern, Künstlern, Psychoanalytikern, Frauen und Männern des Gewissens.

Auch die Romane W.G. Sebalds richten sich gegen die »Naturgeschichte der Zerstörung« als eine Kraft, die sogar das schmerzhafte Wissen der Traumatisierten zerstreuen kann. Zur Fiktion kommt die Recherche von Forschern hinzu. Viele von ihnen werden selbst dort, wo sie nicht direkt von katastrophischen Ereignissen betroffen sind, zu involvierten oder sekundären Zeugen. Trotz allem sollte die These respektiert werden, dass die literarische Fiktion kraft ihrer formalen, oder – im Sinne Wolfgang Isers – kraft ihrer anthropologischen Struktur, Wege finden sollte, die sich *prospektiv* – und sogar transformativ – in die Zukunft richtet, anstatt lediglich mimetisch und *retrospektiv* organisiert zu sein. Auch hier wiederholt sich demnach die Frage, ob die Literatur zwischen einer

---

[5] Karl Marx, »Der achtzehnte Brumaire des Louis Bonaparte«, in: ders., Friedrich Engels, *Geschichte und Politik 2*, Studienausgabe Bd. IV, hg. von Iring Fetscher, Berlin 2004, S. 32–128, hier S. 36.

[6] Vgl. W.G. Sebald, *Luftkrieg und Literatur*, Frankfurt am Main 2001, S. 38 ff.

Erinnerung, die dem Unrecht Rechnung trägt und einer Perspektive, die sich trotz allem auf die Zukunft hin öffnet, zu vermitteln vermag. Dieser zukunftsweisende Charakter der Literatur müsste mit einer Form der kulturellen Überlieferung einhergehen, die weder von einer lähmenden Insistenz auf traditionellen Werten noch von einer historistisch-revisionistischen Gesinnung in die Knie gezwungen wird.

Welche Verantwortung fällt in diesem Prozess der Erinnerung dem sekundären, intellektuellen oder verspäteten Zeugen zu? Werden wir als Leser nicht zur Rechenschaft gezogen, wenn die Literatur oder der literarische Kommentar die Anamnese befördert? Aber wer findet die Energie – geht man davon aus, dass unsere Empathie nicht unbegrenzt ist –, sich auf die Dauer mit einer destruktiven Geschichte auseinander zu setzen, einem negativen Wissen, das nicht nur mit einer Vielzahl von traumatischen Erzählungen, sondern zugleich mit jenen Phänomenen des Schweigens, Ausweichens, Verleugnens und ästhetischen Verschleierns konfrontiert ist, die Nietzsche als Bedingung geistiger Gesundheit nennt? Die Fragen nehmen Überhand.

***

Die Problematik der Zukunftssicherung solcher traumatischen Erzählungen geht demnach über die Geschichtsschreibung hinaus und wendet sich den Künsten zu. Wir stehen vor der neuen Herausforderung, Repräsentationsformen zu finden, die der Realität verpflichtet sind und zugleich von einem Ausdrucksvermögen zeugen, das Nietzsches Einwand der Lebensfeindlichkeit widerlegt. Dieses Problem hat sich mit dem »modernistischen Ereignis«, wie es Hayden White beschrieben hat, verschärft. White versteht darunter ein Mega-Ereignis, das sich von allem, was Beobachter bisher gesehen und geschildert hatten, unterscheidet. Es beruht auf einer Folge von Ereignissen, die in ihrer Tragweite, Größe und Intensität in früheren Jahrhunderten und traditionellen Historiographien unvorstellbar gewesen sind. Die Folge von Ereignissen in unserem Jahrhundert erzwingt zudem eine radikale Transformation des »Ereignisses der Erzählung« (*story event*), das im Zuge der Revolution der Repräsentationspraktiken, die unter dem Namen des ›Modernismus‹ kursieren, und der Repräsentationstechnologien, die mit der elektronischen Revolution möglich geworden sind, erschüttert und von seiner Auflösung zumindest potentiell bedroht ist.[7] Tatsächlich hat die Moderne Formen der Gewalterfahrung hervorgebracht, die die Wahrnehmungsfähigkeit und Verständlichkeit übersteigen, um nun umso leichter in jene Leere der Ausdruckslosigkeit zu fallen, die daraufhin paradoxal zum Gegenstand der Ausdrucksfindung wird. Aber Whites epochale Behauptung reicht noch weiter. Das »modernistische Ereignis« hat das Erzählen als solches erschüttert. White bezieht sich hier – mit seiner Formulierung des *story event* – auf eine Beobachtung Walter Benjamins, die dieser bereits nach dem Ersten Weltkrieg geäußert hat. Benjamin konstatiert den Rückgang eines Erzählens, das die »Kunde, Weisheit und Gemeinplätze einer Kultur von einer Generation zur nächsten weiterreicht«. Nach dem Ersten Weltkrieg, so Benjamin, kehrten »die Leute verstummt aus dem Felde [...] [zurück]. Nicht reicher – ärmer an mitteilbarer Erfahrung.«[8] In der Folge fällt »die Erfahrung [...] im Kurs«; nichts vollzieht sich mehr im Modus einer »Erfahrung, die von Mund zu Mund geht«. Weiter heißt es bei Benjamin: »[B]einah nichts mehr, was geschieht, kommt der Erzählung, beinah alles der Information zugute«, weil alles tendenziell »mit Erklärungen schon durchsetzt« ist.[9]

Diese Überwältigung und Ausdünnung der Erfahrung hat im Laufe des 20. Jahrhunderts weitere Höhepunkte erreicht. Die materiellen, historischen Fakten – die Vernichtung im Zuge moderner Kriegsführung, der Holocaust, weitere Genozide, Bürgerkriege, Terrorismus, staatlich finanzierter Terror, politische Regime, die Hunger, Not und Naturkatastrophen mitverursachen – all diese Ereignisse stehen außer Zweifel und belasten ein neues, globaler ausgerichtetes Gewissen. Moderne Repräsentationsverfahren gestalten sich demnach noch experimentierfreudiger oder ›postmoderner‹ und fordern traditionelle Narrationsschemata heraus. Während ein

---

[7] Hayden White, »The Modernist event and the Flight from History«, in: Hana Wirth-Nesher (Hg.), *The Sheila Carmel Lectures 1988–1993*, Tel Aviv 1995, S. 99–123, hier S. 103.

[8] Walter Benjamin, »Der Erzähler. Betrachtungen zum Werk Nikolai Lesskows«, in: ders., *Gesammelte Werke*, Bd. II, 2, Frankfurt am Main 1991, S. 438–465, hier S. 439.

[9] Ebd., S. 439, S. 440 und S. 445.

›Ereignis‹, um erzählt werden zu können, sowohl Verständlichkeit als auch Visibilität aufweisen muss, zeitigt das explosive modernistische Ereignis kaum messbare Resultate und verweigert sich daher der Erzählung.

Die These der Armut oder gar eines Untergangs des Geschichtenerzählens möchte ich jedoch nicht so stehen lassen, denn sie könnte sich als kurzsichtig erweisen. Die benjaminsche Diagnose ist daher nur insofern erhellend, als sie das Dilemma formuliert, auf das die moderne und insbesondere die postmoderne Kunst reagiert.[10] Man denke an die Kunst Samuel Becketts, die Iser als »ein feingestimmtes ›Nichts‹ beschreibt, das pausenlos seine eigene Uferlosigkeit weiter treibt.«[11] Um die Realitäten des zeitgenössischen Lebens jenseits dieses »Nichts« zu vermitteln, jenseits seines Verlusts von teleologischen Sinnzusammenhängen, bedarf es eines neuen elliptischen Erzähltyps, der perspektivische Wiederholungen und Verfahren der Montage verwendet. Daneben gibt es auch eine moralistisch gefärbte Neuauflage ehemals böser Mächte, von Monstern samt ihren grimassierenden Meistern. Diese vom Realismus abgespalteten Figuren kehren als high-tech Science Fiction-Variationen wieder, ein Spuk, der aus populären Horrorfilmen und apokalyptischen Endzeitszenarien geboren ist, in denen sich die überwältigenden Ängste der Gegenwart spiegeln.

---

[10] Die Frage nach der Darstellungsmöglichkeit kann auch eine radikal linguistische Form annehmen. In Frankreich signalisiert ein »sibyllinisches Weiß« und eine »blaue unfruchtbare Einsamkeit« (vgl. Mallarmés »Gabe des Gedichts«) ausdrücklich den verwickelten Versuch der Poesie, sich durch neue (oder wiederhergestellte) nicht-narrative Inspirationsquellen zu reinigen. Sind Dichter in der Lage, von der Musik als einer (mehr oder minder) nicht-mimetischen Kunst das zurückzuholen, was dem Besitz der Dichtung einst angehörte? Auch die Malerei forschte nach diesen »musikalischen« Tendenzen, die sie an die Stelle realistisch-figürlicher Darstellungen setzte. In dem Moment, wo die beschreibende Kraft des verbalen Mediums in eine Krise gerät, weniger aufgrund des ungeheuren Ausmaßes des modernistischen Ereignisses, sondern vielmehr aufgrund der Banalisierung, die die Sprache (gemäß der Meinung vieler) durch den Einfluss der Massenmedien erfährt, lässt sich ohne Übertreibung von der »Passion« der Künstler sprechen, oder, wie Mallarmé es formuliert, vom »Mysterium in der Literatur«.

[11] Wolfgang Iser, »Erasing Narration: Samuel Beckett's *Malone Dies* and *Texts for Nothing*«, in: *Partial Answers* 4/2 (2006), S. 1–18.

Für das traditionelle Erzählen spricht die Tatsache, dass es von einer *passiven* Lebenskraft zeugt, einer *vis inertiae*, die nicht nur scheinbar veraltete Entwicklungen aufbewahrt, sondern zugleich neu entstehende begleitet. Auch die Narratologie, die mündliche Formen der Erzählung analysiert, führt die Grundlagen der Gedächtnisbildung auf bestimmte thematische oder archetypische Konstanten zurück. Zu Zeiten der Diaspora, im Zuge von Völkerwanderungen oder Zwangsumsiedlungen, profitierten die versprengten Kulturen von solchen Determinanten.

Kurz gefasst: Ältere Formen der Fiktion scheinen widerständiger zu sein als es avantgardistische Theoretiker und Künstler zugestehen wollen. Über lange Zeiträume hinweg haben die Künste ein Arsenal von Formen, Gattungen, Charakteren, Handlungsschemata, Motiven, Topoi und Symbolen angelegt, das sich sowohl aus der Populär- als auch aus der Hochkultur speist. Schriftsteller wie Sebald – oder Primo Levi, um ein weiteres Beispiel zu nennen – arbeiten mit keinen sonderlich radikalen oder experimentellen Repräsentationstechniken. Es gibt nach wie vor eine dominante, wenn auch komplexe Form der literarischen Überlieferung, die die vorhandenen Gedächtnisspeicher nutzt und erweitert. Auf einer Schwundstufe dessen, was Jean-François Lyotard die »großen Erzählungen« (*grands récits*) nannte, trotz Diaspora und anderen modernen Exilerfahrungen, die die inhärente Struktur des sozialen Gedächtnisses zerreißen und seine assoziative Rückbindung an bestimmte Orte auflösen, und trotz Whites Mega-Ereignis, bleibt das literarische Denken in seiner Allianz mit erprobten und formbaren Erzählweisen stark genug, um zeitgenössische Erfahrungen weiterhin darzustellen. »Die Sonne tönt nach alter Weise«, schrieb Goethe, als er die Faustlegende wiederbelebte. Oder, um Emily Dickinson zu zitieren: »Die untergegangenen Formen flüstern« (»The perished patterns murmur«).

***

Ich werde mich im Folgenden also dem zuwenden, was zu einer konzeptionellen Veränderung des kulturellen Gedächtnisses geführt hat. Der Begriff ›kulturell‹ im ›kulturellen Gedächtnis‹ bedeutet offensichtlich mehr als nur ein Synonym für ›kollektiv‹ oder ›sozial‹. Er umfasst mindestens zwei Aspekte, die auf eine Modifikation des Inhalts und der Reichweite der Literatur hindeuten.

Der erste Aspekt richtet unsere Aufmerksamkeit auf das, was wir meist übersehen, weil es allzu trivial erscheint. Gerade in Auseinandersetzung mit Mega-Ereignissen sind wir herausgefordert, den Wert und selbst die Tiefe des *gewöhnlichen* Lebens in Erinnerung zu rufen. Darin setzt sich fort, was Erich Auerbach als »signifikante Wende in der Geschichte der Selbstwahrnehmung« beschrieben hat, eine Wende in der Repräsentation, die das Alltägliche ernsthaft darstellt (und nicht nur komisch oder burlesk).[12]

Im Einklang damit nivelliert ein neuer, erweiterter Begriff der ›Kultur‹ die Differenz zwischen kanonischen und populären bzw. kanonischen und bislang unbeachteten Themen. Dieser neue Begriff vermag die vernachlässigten Phänomene gerade aufgrund ihrer flüchtigen Erscheinungsweise wertzuschätzen. So schreibt etwa Sebald nicht nur um unser Sichtfeld zu erweitern, sondern auch um unsere menschlichen und mitmenschlichen Eigenschaften wach zu rufen und – dieser Aspekt ist erstaunlich – um unsere Verantwortung für das Verstummte und Vergängliche zu schärfen: »Alles fällt ständig in die Vergessenheit zurück, mit jedem ausgelöschten Leben […] entleert sich die Welt, so dass die Geschichte zahlloser Orte und Objekte, die aus sich selbst heraus keine Erinnerungsfähigkeiten besitzen, nie gehört, beschrieben oder weitergereicht werden.«[13]

Seine Kunst widersetzt sich dieser Entropie nicht nur strukturell, vielmehr hat das »modernistische Mega-Ereignis« uns für jene Momente überhaupt erst sensibilisiert, die ansonsten vergehen, ohne repräsentiert zu werden. Die Aufmerksamkeit richtet sich in der Folge auf das Ereignis des Nicht-Ereignisses. Die ästhetische Dimension erscheint nicht nur als flüchtiger Abglanz des Schönen, sondern sie verdichtet sich in der Verkörperung einer Spur von all jenem, das übersehen wurde, das marginal und sprachlos ist, oder von einem Wert, der nicht taxiert werden kann.

Dieser erweiterte Kunstbegriff lässt sich an den Erzählungen von Jorge Luis Borges erläutern. Borges' »Der Augenzeuge« ist

---

[12] Vgl. Erich Auerbach, »Über die ernste Nachahmung des Alltäglichen«, in: Karlheinz Barck, Martin Treml (Hg.), *Erich Auerbach: Geschichte und Aktualität eines europäischen Philologen*, Berlin 2007, S. 439–465.

[13] Nach einem Interview, das Charles Simic in seinem Artikel zu Sebalds »Naturgeschichte« zitiert. Charles Simic, »Conspiracy of Silence«, in: *New York Review*, 27. Februar 2003, S. 8.

typisch für diesen Kunstbegriff und dafür, was dieser wahrzunehmen und aufzubewahren sucht. Der Erzähler spekuliert über »die letzten Augen«, die das Gesehene in ein Zeugnis verwandeln. Als letzter Heide, der im christianisierten Großbritannien stirbt, nimmt er wahr, ohne zu unterscheiden oder zu diskriminieren. Seine intensive und gleichzeitig beiläufige Wahrnehmung fügt persönliche Eindrücke ungebunden aneinander: die Stimme eines Freundes, den vermischten Duft von Sulfat und Mahagoni und ein Pferd an einem verlassenen Ort.[14] »Was wird mit mir sterben, wenn ich sterbe«, fragt er sich: »welche bewegende oder vergängliche Form wird die Welt verlieren?« Sofern es kein »Weltgedächtnis« gibt, »würde doch immer irgendetwas oder eine nicht berechenbare Anzahl von Dingen in jedem Todeskampf vergehen.«[15]

Heutzutage fällt es schwerer, sich solch ein hypothetisches ›universales Gedächtnis‹ vorzustellen. Der Gedanke daran wird nicht mehr von der mündlichen Überlieferung gestützt.[16] Aber auch die Printkultur scheint ihrer erstaunlichen Kurzlebigkeit machtlos gegenüber zu stehen, nicht zuletzt aufgrund eines freien Spiels der Bilder und einer kontraproduktiven Multiplikation von Büchern.

[14] Diese Beobachtungssplitter erinnern an eine poetische Vignette von William Carlos Williams: »So viel hängt ab / Von einer roten Schubkarre.« William Carlos Williams, »The Red Wheelbarrow« / »Die rote Schubkarre«, in: ders., *Der Harte Kern der Schönheit. Ausgewählte Gedichte*, hg. von Joachim Sartorius, München 1991, S. 90–91.

[15] Jorge Luis Borges, »Der Augenzeuge«, in: ders., *Borges und ich. Gesammelte Werke*, Bd. 6, übers. von Karl August Horst, München 1982, S. 24–25. Karl Mannheim artikuliert eine weitere Konzeption eines »kollektiven Unbewussten« in *Ideologie und Utopie*, Frankfurt am Main 1995 (der ursprüngliche deutsche Kern der Fassung datiert von 1929). Er nimmt bereits Fredric Jamesons Konzept des »politischen Unbewussten« vorweg. Es geht darum, die »sozial-situationalistische« Wurzel von kulturellen Werten und Prämissen innerhalb eines Diskurses freizulegen.

[16] Der Schwerpunkt auf der mündlichen Überlieferung hat etwas mit Kindheitserinnerungen zu tun und reflektiert möglicherweise eine lang andauernde, verschwindende und vorwiegend ländliche Kultur oder die Nostalgie nach einer solchen. »Gern hört er zu, wenn die Mutter und die Onkel zum tausendsten Mal die Ereignisse aus ihrer Kindheit auf der Farm durchgehen. Nie ist er glücklicher, als wenn er diesen Geschichten lauscht [...]. Durch die Farmen hat er Wurzeln in der Vergangenheit; durch die Farmen hat er Substanz.« J.M. Coetzee, *Der Junge. Eine afrikanische Kindheit*, übers. von Reinhild Böhnke, Frankfurt am Main 2003, S. 30.

Der Erinnerungspalast und die Bibliothek von Babel gehören demnach einer Vorstellungswelt der Vergangenheit an. »Dunkle Archive«, wie sie die Informationstechnologie nennt, vermehren sich. Selbst Malraux' »Museum ohne Wände«, das sich aus dem kulturellen Gedächtnis speist, ist keine unproblematische Errungenschaft. Während die mechanische und elektronische Reproduktion und Verbreitung von Gemälden und Skulpturen uns die Artefakte aller Kulturen zugänglich macht, vermag sie den Verlust einer Aura (die, wie Walter Benjamin bemerkte, mit dem Verlust der originalen Ortsgebundenheit einhergeht) nicht zu kompensieren.

Verlust und Gewinn lassen sich in dieser Angelegenheit schwer gegeneinander aufrechnen. Die erinnernde Rekonstruktion und die systematische Umschichtung von Vergessenem mag tatsächlich etwas von der historischen Gegenwärtigkeit dieser Kunstgüter zurückholen – um sie so wiederzubeleben und in ihrem ursprünglichen *Sitz im Leben* zu bestimmen. Aber handelt es sich nicht bereits bei ›uns‹, d. h. bei unserem Empfinden für das Besondere der Gegenwart, schon immer um eine Konstruktion, die imaginativ aus der Lebenswelt vorgängiger Ereignisse geformt wird?

Besonders besorgniserregend ist hier die genannte Entgrenzung von Empathie und Aufmerksamkeit. Darin verbirgt sich eine tiefe Paradoxie, die das Verhältnis zwischen Universalem und Partikularem betrifft. Eine Erinnerung von wahrhaft universaler Spannweite hätte keinen stabilisierenden Mittelpunkt, keine festen Zeitinseln oder Perspektiven mehr, die Rückblicke und ein Staunen erlauben würden.[17] Nicht nur die ›Aura‹, sondern die Kategorie des Heiligen im Ganzen könnte auf diese Weise verschwinden.

---

[17] Vgl. J. Assmann, »Kollektives Gedächtnis und kulturelle Identität«, S. 12. Ein »universales Gedächtnis« kann zudem nur dann dynamisch oder kreativ werden, wenn es sich in eine *mémoire involuntaire* wandelt – diese stellt sich unwillkürlich ein, anstatt aufgerufen und kontrolliert zu werden und bestätigt damit Nietzsches Intuition aus *Die Geburt der Tragödie*, dass »[d]ie Verzückung des dionysischen Zustandes […] während seiner Dauer ein *lethargisches* Element [enthält], in das sich alles persönlich in der Vergangenheit Erlebte eintaucht.« Friedrich Nietzsche, *Die Geburt der Tragödie*, Kritische Studienausgabe 1, hg. von Giorgio Colli und Mazzino Montinari, München 1999, S. 56. Pragmatisch erreicht die Kunst ihre Universalität jedoch weniger aufgrund einer solchen »Lethargie«, sondern eher vermittels dessen, was Emerson die metonymische und synekdotische Natur des Symbols nennt. Vgl. Ralph Walden Emerson, »Kunst«, in: ders.,

Sollten wir darüber hinaus dem zweifelhaften Diktum von Wallace Stevens verfallen (dem nahe kommt, was Borges im Sinn hat), dass »der Tod die Mutter der Schönheit« ist, dann treibt der Mut oder die Torheit eines solchen Ästhetizismus die Ironie nur umso stärker hervor, dazu gezwungen zu sein, selbst über eine unendliche Flut von Katastrophen andächtig nachzusinnen. Mit Borges Vorstellung von einem Weltgedächtnis nähern wir uns Benjamins Engel der Geschichte, der mit zurück gewandtem Antlitz in die Zukunft flüchtet – mit Augen, die nicht einzelne, disparate Katastrophen, sondern vielmehr ein einziges in sich geschlossenes Katastrophenkontinuum sehen. Mit den Worten von May Sarton gesprochen geht es darum, »[d]iesen Tod, der nicht der unsere ist, in unsere Knochen einzulassen« (»Not ours, this death, to take into our bones«).

***

Neben der Problematik, auf welche Weise es die Erinnerung schafft, einem Übermaß an Katastrophen angemessen Rechnung zu tragen, richtet sich ein zweiter Aspekt auf die kollektive Ausformung des kulturellen Gedächtnisses. Die Schwierigkeit besteht darin, dass der Begriff ›kollektiv‹ mit der restriktiven Konnotation einer ethnischen und politischen Homogenität (die Borges promiskuitiv-individuierter Wahrnehmung diametral entgegen steht) negativ belastet ist. In der zweiten Hälfte des 20. Jahrhunderts analysieren Danilo Kiš in seinem Essay *Homo Poeticus* und Czeslaw Miłosz in *Verführtes Denken* die mentalen und physischen Deformationen, die jugoslawische, polnische, tschechische und andere osteuropäische Schriftsteller im Kommunismus erlitten haben. Diese Schriften machen deutlich, warum der Begriff ›kollektiv‹ zu einem unheilvollen Begriff wurde. Das kulturelle Gedächtnis

---

Essays, übers. von Harald Kiczka, Zürich 1982, S. 269–284, hier S. 273 f: »Die Liebe und alle Leidenschaft konzentriert alles Dasein um eine einzelne Form. Bestimmte Geister pflegen […] dieses dann zu einem Stellvertreter für die ganze Welt [zu machen]. […]. Bald darauf gehen wir zu einem anderen Gegenstand über, der sich selbst zu einem Ganzen rundet, wie es das erste tat. […] Aus dieser Aufeinanderfolge von ausgezeichneten Gegenständen lernen wir schließlich die Unermeßlichkeit der Welt kennen, den Reichtum des menschlichen Wesens […].«

musste sich erst von dem Verdacht solcher kollektiven Uniformierungsprogramme befreien.[18] Heutzutage werden Hybridität und Partikularität betont, und Kulturen werden nicht mehr mithilfe biologischer Analogien klassifiziert. Innere Differenzen werden ebenso wahrgenommen wie die Tatsache, dass Kulturen voneinander lernen. Die interkulturellen Anleihen schaffen die Sensibilität für eine erweiterbare Domäne literarischer Formen, die ihrer eigenen semiotischen und kulturellen Logik folgen. Diese Multiplikation von »kognitiven Rahmen der Referenz« hat Iser dazu veranlasst, die Literatur »auf die anthropologische Ausstattung des auf Kosten seiner Phantasie lebenden Menschen«[19] zu untersuchen.

Selbst die Bibel und andere heilige Schriften werden im Licht des kulturellen Gedächtnisses liberaler betrachtet. (Zumindest stellt diese Perspektive im Westen zunehmend eine Alternative dar.) Sie werden als Sammlungen von Gründungserzählungen und Legitimationskämpfen präsentiert.[20] Parallel zu dieser Entwicklung zeigt eine wachsende »Hermeneutik des Verdachts« (Paul Ricœur)

---

[18] »Ein entscheidendes Problem, mit dem jeder konfrontiert ist, der Halbwachs in diesem Feld folgen will, besteht darin, wie die Konzeption des Gedächtnisses entwickelt wird, indem sie dem kollektiven Aspekt des Bewusstseins Rechnung trägt, ohne das Individuum damit aber zugleich als eine Art Automat darzustellen, das den kollektiven Willen verinnerlicht hat und diesem passiv Folge leistet.« James Fentress, Chris Wickham, *Social Memory: New Perspectives on the Past*, Oxford 1992, S. ix.

[19] Wolfgang Iser, *Das Fiktive und das Imaginäre. Perspektiven literarischer Anthropologie*, Frankfurt am Main 1991, S. 11.

[20] Bialiks bekannter Essay, der die Beziehung zwischen den beiden Zweigen des jüdischen, mündlich überlieferten Gesetzes behandelt (Halacha ist das gesetzeskräftige und autoritative, Aggada das freiere und volkstümlichere), spricht vom selben Problem. Vgl. Gershom Scholems deutsche Übersetzung, »Halacha und Agadda,« in: *Hayyim Nahman Bialik, Essays*, Berlin 1925, S. 82–107. Die hebräische Bibel wird für ihre enzyklopädische Form (so der Begriff von Northrop Frye) geschätzt, die die Weisheit des Volkes, nicht nur die der Priester, versammelt. Wie Erich Auerbach in seiner *Mimesis*-Analyse der Opferung Isaaks (Akeda) darlegt, belässt sie viele ihrer Erzählungen mit einer gewissen Dunkelheit oder Hintergründigkeit˚, mag diese auch darin bestehen, dass sie dringlich, selbst auf eine zwingende oder tyrannische und anagogische Art unser Deutungsvermögen benötigt (d. h. der Text ist deutungsbedürftig˚ und nicht nur deutungsfähig˚). Deshalb musste eine Interpretationsgemeinschaft oder deren Abfolge gebildet werden.

Leerstellen und blinde Flecken nationaler Gedächtniskonstruktionen auf. Offizielle Versionen der Erinnerung werden verdächtigt, die nationale Geschichtsschreibung von verletzenden oder demütigenden Episoden zu reinigen. Ernest Renans ironische Bemerkung ist vielfältig bestätigt worden: »Das Vergessen – ich möchte fast sagen: der historische Irrtum – spielt bei der Erschaffung einer Nation eine wesentliche Rolle, und daher ist der Fortschritt der historischen Studien oft eine Gefahr für die Nation.«[21]

Jan Assmann, der gemeinsam mit Aleida Assmann den Begriff des ›kulturellen Gedächtnisses‹ in die Diskussion eingeführt und erläutert hat, schlägt zudem das Konzept einer ›Erinnerungsgeschichte‹[22] vor. Der Mnemohistoriker rekonstruiert ausgelöschte und verschlüsselte Episoden kanonischer Erzählungen durch archäologische Recherchen, die die Literatur und andere Künste mit einschließen. Auf ihre Weise schildert Toni Morrison in ihrem Roman *Beloved* (dt. Titel *Menschenkind*) eine in der Gegenwart nicht realisierte, aber doch geisterhaft gegenwärtige traumatische Vergangenheit, sowie die Möglichkeit der Literatur, ihr nachträglich eine Stimme zu geben. Morrison zeigt in ihrem Roman, wie die Sklaverei die schwarzen Familien zerstörte und ihnen die Chance nahm, das Familienerbe zu tradieren. Sie erinnert uns an produktive Gegenmodelle, die im Entwurf des kulturellen Gedächtnisses angelegt sind. Ihre Hoffnung als Schriftstellerin gleicht durchaus der Benjamins, der davon spricht, »im Vergangenen den Funken der Hoffnung anzufachen«.[23] Diese Wiedergutmachung könnte durch eine freigesetzte Energie aus dem (mit Shakespeare gesprochen) »dunklen, entsetzlichen Abgrund der ver-

---

[21] Ernest Renan, »›Was ist eine Nation?‹ Vortrag an der Sorbonne am 11. März 1882«, in: Michael Jeismann, Henning Ritter (Hg.), *Grenzfälle. Über alten und neuen Nationalismus*, Leipzig 1993, S. 290–310, hier S. 294 f. Vgl. auch Herman Melville, *Billy Budd*, übers. von Richard Moering, Zürich 2003, S. 19: »Wenn ein angesehener Mensch sich scheut, peinliche oder unehrenhafte Umstände in seiner Familie an die große Glocke zu hängen, so darf eine Nation in der gleichen Lage ohne Vorwurf die gleiche Diskretion für sich beanspruchen.«

[22] Vgl. Jan Assmann, *Moses der Ägypter: Entzifferung einer Gedächtnisspur*, München 1998.

[23] Walter Benjamin, »Über den Begriff der Geschichte«, in: ders., *Abhandlungen. Gesammelte Schriften*, Bd. I, 2, Frankfurt am Main 1991, S. 691–704, hier S. 694.

gangenen Zeit« erwachsen, um eine tückische und irreführende Konzeption des Fortschritts aufzubrechen. Bei Morrison erwächst die Hoffnung in gleicher Weise aus einem Unterpfand der Liebe (d. h. »beloved« und auserwählt zu sein), die trotz allem aus der Vergangenheit gewonnen wird. Ein solches Bewusstsein stiftet die Grundlage für eine kollektive Identität.

Jan Assmann beschreibt eine Fallgeschichte von dieser Art *Erinnerung*. Sie soll verhindern, dass die Tradierung einer identitätsstiftenden Erfahrung scheitert.[24] Er rekapituliert, wie im Deuteronomium die Wüstengeneration der Kinder Israels (der Rest derer, die Ägypten verlassen haben), kurz davor steht, das verheißene Land zu betreten. Moses warnt sie, sich die zentralen theophanischen Ereignisse ihrer Geschichte dauerhaft anzueignen. Dazu gehören insbesondere die Offenbarungen am Roten Meer und am Berg Sinai, die mit Mnemotechniken wie dem Gebot »Du sollst davon reden«, den kalendarischen Festtagen und der quasi-physikalischen Einschreibung der offenbarten Gebote ins Herz und an die Häuser erinnert werden. Es ist ein Prozess, der durch die Kanonisierung der Torah erweitert und festgesetzt wurde. Nicht zuletzt verdanken wir ihm auch das Deuteronomium – ein Dokument, das genau wie das Volk Israel in der Wüste nur knapp überlebte (vgl. 2. Könige 22,8 ff.). Selbstverständlich kann aber auch jede Kanonisierung ihrerseits repressive Züge annehmen. »Wer sagt, dass die Bibel ein abgeschlossenes Buch ist?« fragt Novalis.

***

Aber kommen wir zum ›Ereignis der Erzählung‹, dem von White eingeführten *story event* zurück. Wie werden ältere Formen des Erzählens von zeitgenössischen Autoren gehandhabt? Hier zeichnet sich der neue Typ einer literarischen Erzählung ab, die sich mit Trauma und Überleben beschäftigt: das Pathosnarrativ. In Aischylos' *Prometheus in Fesseln* spricht Prometheus von einem Leiden, das so maßlos ist, dass es nicht auf die Menschen begrenzt bleibt. »Seht her«, ruft er, »was ich, ein Gott, von Göttern leide.« Prome-

---

[24] Vgl. Jan Assmann, »Die Katastrophe des Vergessens. Das Deuteronomium als Paradigma kultureller Mnemotechnik«, in: Aleida Assmann, Dietrich Harth (Hg.), *Mnemosyne: Formen und Funktionen der kulturellen Erinnerung*, Frankfurt am Main 1991, S. 337–355, hier S. 337 ff.

theus, Hiob, Dionysos, Christus: Sie alle liefern – unabhängig von ihrem Status in der Skala des Menschlichen und Göttlichen – den Stoff für ein Pathosnarrativ, das so alt wie das geschriebene Wort ist. Auch andere Figuren wie Philomela oder Maria als Schmerzensmutter (*mater dolorosa*) spielen eine wichtige Rolle.

Die ›Passion‹ bezieht sich oft auf die Leidensgeschichte Christi, wie sie in den Evangelien erzählt wird, aber sie ist keineswegs darauf beschränkt. Hier öffnet sich vielmehr ein großer, säkularer Schauplatz. Das Passionsnarrativ erzählt von extremen Leiden, die (oftmals im Namen Gottes oder der Götter) an anderen Mitmenschen verübt oder auch am eigenen Leib erlitten wurden. Tod, Verfolgung, Folter, Vergewaltigung, grausame und unmenschliche Strafen, Zwangsarbeit, unheilbare Krankheiten, Verluste, Wahnsinn, Liebeswahn, Verrat, Verleumdung, unerhörte Schicksalsschläge und die Kämpfe gegen sie – das sind die bekannten Konstanten antiker Mythen.[25] Dabei stellt sich eine interessante Frage: Worin unterscheiden sich diese antiken Pathosnarrative von denen, die uns zeitlich näher sind? Ich denke, dass die Differenz zwischen antiken und modernen Pathosnarrativen keine grundsätzliche ist.

Aristoteles' *Poetik* und moderne anthropologische Spekulationen[26] können uns helfen, formale Elemente des Pathosnarrativs zu definieren. Das *Pathos (tó pathos´)* listet Aristoteles als ein Element der Tragödie auf, indem er es bündig als Inszenierung von »Todesfällen auf offener Bühne, heftige Schmerzen, Verwundungen und

---

[25] Bei dem ältesten Pathosnarrativ könnte es sich um das dionysische Passionsspiel gehandelt haben, der Vermutung nach eine Vorform der attischen Tragödie. Dionysos ist der einzige Gott im antiken Pantheon, der den Tod erleidet. Vgl. G.R. Levy, *The Gate of Horn*, London 1948, S. 321 ff. Vgl. ferner Jane Harrisons Studie zur Religion des Dionysos und der eleusinischen Mysterienspiele: Jane Harrison, *Prolegomena to the Study of Greek Religion*, Cambridge 1908, Kapitel 10. Sowohl im Islam als auch im Christentum gibt es eine Urszene in der Form eines Spektakels, das kollektiv und rituell aufgeführt wird.

[26] Zum Pathos (»tó pathos«´, »pathê«) vgl. Gerald F. Else, *Aristotle's Poetics*, Cambridge (MA) 1957. Zusätzlich zu Levy, *The Gate of Horn*, vgl. die Überlegungen von Jane Harrison, Gilbert Murray und Theodor H. Gaster. Vgl. ferner meinen Beitrag: »Literature High and Low: The Case of the Mystery Story«, in: *The Fate of Reading and Other Essays*, Chicago 1976.

dergleichen mehr«²⁷ definiert. Ödipus, der sich die Augen aussticht, oder Klytaimnestra, die von ihrem eigenen Sohn Orest getötet wird, dienen als Beispiele. Solche Vorfälle ereignen sich im Rahmen einer tragischen Handlung, die Schrecken und Rührung erregt.

Das *Pathos* erfährt ferner eine literarische Entwicklung, die unabhängig von seinem Platz in der antiken Tragödie ist, obwohl es trotz allem auf das bezogen bleibt, was Anthropologen der antiken griechischen Religion als den Ursprung beschreiben, aus dem sich die Tragödie entwickelt haben könnte: das *dromenon* der Initiationsriten. Die ursprüngliche Handlung bestand möglicherweise aus einer esoterischen Pantomime oder einem Gebärdenspiel, aus ›Dingen, die ausagiert werden‹ (man denke auch an das bewusst archaische Spiel im Spiel bei *Hamlet*), und wurden erklärend von einem *legomenon* ergänzt, d. h. von ›Worten, die ausgesprochen werden‹. Aus diesen beiden Strukturelementen hat sich die griechische Tragödie entwickelt, eine säkulare Gattung, die sich ihrer heiligen Aura nie vollständig entledigt hat.

Ich könnte mir weiterhin vorstellen – um das Argument an dieser Stelle zu pointieren –, dass die Ergänzung des *legomenon* zum Schauspiel des *Pathos* sich zu einer unabhängigen Narration entwickelte, die ihren Nerv in einem rudimentären, vielleicht sogar ekstatischen Schmerz fand. Wir wissen von erhaltenen griechischen Tragödien, dass die Pathos-Szene gewöhnlich nicht auf der Bühne direkt gezeigt, sondern von Boten und Zeugen übermittelt wurde, die nicht an der Haupthandlung beteiligt waren. Diese ›Reporter‹ wurden zusammen mit dem Chor öfters dazu verwendet, die tragische Handlung selbst in ihrem Vollzug anzukündigen oder zu kommentieren. Während die Handlung sich dramatisch fortsetzt und die Spannung aufrecht erhält, entwickelt sich nebenher eine regelrechte Zeugengeschichte und reflexive Bewegung.

Ein Unterschied zwischen den heutigen Pathosnarrativen und denen aus früheren Zeiten besteht in der Verschiebung des Fokus auf einen solchen zweiten (oder besser gesagt, sekundären) Reporter-Zeugen. Diese episch-diskursive Tendenz kann sich vermittels einer gemeinschaftlichen *Recherche* oder individuellen Erinnerungsreise vollziehen. Trotzdem fühlen und schätzen wir noch

---

²⁷ Aristoteles, *Poetik*, hg. und übers. von Manfred Fuhrmann, Stuttgart 2003, S. 37.

immer den grundsätzlich dramatischen Effekt, den Nietzsche in seiner *Geburt der Tragödie* (Teil 8) beschreibt.

Nietzsche legt nahe, dass der dithyrambische Chor die Zuschauer so anregte, dass sie mit dem Erscheinen des tragischen Helden auf der Bühne »eine gleichsam aus ihrer eigenen Verzückung geborene Visionsgestalt«[28] sahen. Auch das Publikum schaut den Gott oder identifiziert sich mit dem dionysischen Unterstrom der Szene. Auf diese Weise vermindert sich die Distanz zwischen Augenzeugen (Protagonisten) und sekundären Zeugen (auf der Bühne oder auf den Rängen). Durch den ansteckenden Charakter des Chors werden die Zuschauer in Nebendarsteller des Schauspiels verwandelt.

Was über die Zeit hinweg konstant bleibt, ist der dramatische Prozess, der von der Passion zur Selbsterkenntnis führt. Eine tiefe Blindheit oder Verdrängung wird aufgehoben, auch wenn die neu erworbene Erkenntnis ihr eigenes Leid hervorruft. Selbst wenn die modernen Pathosnarrative zu keiner Gottesschau führen, vollzieht sich in ihnen doch etwas Gemeinschaftsbildendes, gewissermaßen eine ›affektive Gemeinschaft‹ im Sinn von Halbwachs. In der Gegenwart beruhen die Wiederherstellung der Wahrheit und ihre öffentliche Weitergabe auf dem Hebammendienst des sekundären Zeugen. Literaten und Literaturwissenschaftler, Kultursoziologen, Historiker, Journalisten, Psychoanalytiker und (einstmals) Geisterseher arbeiten zusammen, um eine Erzählung und Neuerzählung von Geschichten zu ermöglichen. Diese sekundären Zeugen nehmen innerhalb des Kunstwerks oftmals keine fest definierte Persona-Rolle ein. Aber sie begleiten uns als Schatten und mit ihnen begeben wir uns auf eine *Nekyia*, auf einen Abstieg ins Reich der Toten und ins Vergangene.[29]

Es ist demnach der interaktive Kontext der Texte, der von den impliziten und implizierten Lesern ans Werk herangetragen wird. Dieses Publikum wird vom Kunstwerk ebenso gebildet, wie es dieses zu formen hilft. Demgemäß sieht Shoshana Felman die »spezi-

---

[28] Nietzsche, *Geburt der Tragödie*, S. 63.
[29] Vgl. Heiner Müller, *Gesammelte Irrtümer 2, Interviews und Gespräche*, Frankfurt am Main 1990, S.64: »Das Tote ist nicht tot in der Geschichte. Eine Funktion von Drama ist Totenbeschwörung – der Dialog mit den Toten darf nicht abreißen, bis sie herausgeben, was an Zukunft mit ihnen begraben worden ist.« Diese Referenz verdanke ich Aleida Assmann.

fische Aufgabe des literarischen Zeugnisses« darin, »im nachträglichen Zeugen, zu dem der Leser historisch wird, die imaginative Bereitschaft zu wecken, eine Geschichte, die anderen passiert ist, im eigenen Körper wahrzunehmen«.[30]

Wenn das Pathosnarrativ aber nach wie vor elementar ist, welche spezifische Bedeutung und Funktion kommt ihm innerhalb der Zivilgesellschaft in einer säkularen, westlichen Umwelt zu?

***

Felmans Charakterisierung der Leser als ›nachträgliche Zeugen‹ zeigt genau wie Borges Imagination der ›letzten Augen‹, die eine sterbende Kultur beobachten, eine Affinität zwischen dem Säkularen und dem Religiösen. Diese Konzeption und die damit einhergehende Ausweitung der Zeugenschaft deute ich als Zeichen der Integrität der säkularen Imagination, nicht als bloße Folgeerscheinung. Der Fortbestand des Pathosnarrativs in der Zivilgesellschaft verweist auf mehr als nur die Kompensation einer früheren, religiösen Form der Imagination.

Man kann Felman folgen und die Zeugenschaft zum Paradigma des 20. Jahrhunderts erklären. Auf diese Weise wird nicht zuletzt die primäre Zeugenschaft als mutige Konfrontation mit Unheil, Unrecht und Unterwerfung anerkannt. Es ist der Versuch, das persönliche Stehvermögen der Augenzeugen zu würdigen und eine Erzählung zu schaffen, die von der Individualität und der eigenen Zeit und dem Ort des Protagonisten geprägt ist. Es gibt einen Glauben – er mag noch so sehr einem Wunschdenken entspringen –, der daran festhält, dass Erfahrungen, die zu gefährlich sind,

---

[30] Shoshana Felman, Dori Laub, *Testimony: Crises of Witnessing in Literature, Psychoanalysis, and History*, New York, London 1992, S. 108. Felman, die tief von Claude Lanzmanns Film *Shoah* mit seiner ›Reinszenierung‹ der Holocaust-Erinnerungen vor Ort beeindruckt ist, zielt mit *Testimony* auf eine vollständige Wiederherstellung der ›historischen Wahrheit‹ durch die Zeugenschaft. Sie richtet sowohl die Literatur als auch ihre pädagogische Rolle darauf aus und bringt den sekundären Zeugen so nah wie möglich an die Erfahrung des Augenzeugen. Das bedeutet in der Tat eine intellektuell kompromisslose und entschiedene Überwindung einer distanzierten und banalisierten Metasprache – auch innerhalb der Seminarräume. Die psychologischen Risiken, die ein solches Unterfangen birgt, werden lebhaft diskutiert.

um sie erneut in Erinnerung zu rufen, im Vollzug des Aussprechens ihren Charakter verändern. Das persönliche Zeugnis verwandelt diese Erfahrungen trotz aller Traumata in eine affirmative oder neue Identität.

Zeugnisse, die als direkte Aufzeichnung dessen, was persönlich erlebt und gezielt als literarisches Werk verfasst wurden, markieren Schwellenerfahrungen, die zwischen der Vergangenheit und der Gegenwart verharren. Sie können einer tiefen Erschütterung nicht entgehen: der wiedererwachten Erinnerung an einen früheren, vollständigen Verlust der Identität (oder die Angst vor einer solchen). »Ich war ein Schatten«, schreibt Dan Pagis in »Zeugenaussage«, seinem Gedicht über die Entmenschlichung des Gefangenen im Konzentrationslager: ein Schatten im Gegensatz zu den elegant uniformierten und bestiefelten Unterdrückern der SS. Wenn Letztere »nach Seinem [Gottes] Bild erschaffen« sind, dann »hatte [ich] einen anderen Schöpfer«. Das Band der Solidarität zwischen den Menschen ist zerbrochen und das Gespenst einer manichäischen Weltordnung geht um. Pagis endet mit einem bitteren Anti-Theodizee-Witz, der sich gegen einen scheinbar form- und körperlosen, aber allmächtigen Gott richtet, zu dem der ermattete Häftling aufsteigt. Der »Schatten« zu dem er geworden ist, entschuldigt sich, dass er raucht, d. h. dass er im Rauch der Flammen des Krematoriums aufgestiegen ist: »Rauch zum allmächtigen Rauch«.[31]

Ebenso ist an Kafkas drastische Phantasie der Vorgänge in der »Strafkolonie« zu denken (eine Phantasie die angesichts der andauernden durch Staaten legitimierten Folter gar nicht so phantastisch anmutet). Selbst *Der Prozess* stellt die Unmöglichkeit der Gerechtigkeit nicht düsterer dar. Mit einer Fülle von psychologischen und theologischen Anklängen[32] zeigt Kafka, dass die Rechtfertigung (oder die Suche danach) selbst unsere Passion ist. Die Gerechtigkeit tritt aber nicht ein: Sie bleibt für den Henker gleichermaßen irreal wie für das Opfer.

Der verurteilte Soldat der Strafkolonie scheint das Gesetz, das er übertreten hat, nicht zu kennen. Die Foltermaschine, die präpa-

---

[31] Dan Pagis, »Zeugenaussage«, in: ders., *Erdichteter Mensch. Gedichte*, übers. von Tuiva Rübner, Frankfurt am Main 1993, S. 75.
[32] Vgl. eine informative Studie jüngeren Datums, die diese Resonanzen analysiert: Vivian Liska, *Giorgio Agambens leerer Messianismus: Hannah Arendt, Walter Benjamin, Franz Kafka,* Wien 2008, insbes. Kapitel 16.

riert wird, um das Gesetz in seinen Körper einzuschreiben, zielt auf einen blutigen Akt der Aufklärung. »Wie still wird dann aber der Mann um die sechste Stunde! Verstand geht dem Blödesten auf. Um die Augen beginnt es. Von hier aus verbreitet es sich. Ein Anblick, der einen verführen könnte«, sagt der diensthabende Hinrichtungs-Offizier, »sich mit unter die Egge zu legen«.³³ (In einer makabren Wendung, die ferner zur Befreiung des verurteilten Soldaten führt, macht der Offizier schließlich aber genau das.) »Es geschieht ja nichts weiter«, fährt der Offizier fort, »der Mann fängt bloß an, die Schrift zu entziffern, er spitzt den Mund, als horchte er. Sie haben gesehen, es ist nicht leicht, die Schrift mit den Augen zu entziffern; unser Mann entziffert sie aber mit seinen Wunden.«³⁴ Wunde, Wort und Erleuchtung fließen ineinander.

Kafkas Erzählung scheint sich unerträglich in die Länge zu ziehen, selbst wenn man die gewohnten Komplexitäten des Autors in Kauf nimmt. Der Funktionär mit seinem verliebten Blick auf die Effizienz eines jeden Rädchens der Foltermaschine bereitet sicherlich ein tiefes Unbehagen. Aber nicht weniger verursacht der Reisende als Beobachter, der in seiner Gemütsverfassung nicht gestört werden will, ein Unwohlsein. Als Mischwesen zwischen Tourist und Zeuge dämmert ihm jedoch allmählich, dass sich vor seinen Augen eine unerhörte Ungerechtigkeit und Unmenschlichkeit abspielt. Im Verlauf der Erzählung bildet sich eine schwer erträgliche Spannung zwischen dem Reisenden, der eine objektive, indifferente Haltung zu wahren sucht, und dem zunehmend erregten Offizier, dessen Investition in den Apparat und das hierarchische System, dem dieser dient, allzu offensichtlich wird.

In einer verblüffenden Wende wird der Täter zudem sein eigenes Opfer. Das »[e]s geschieht ja nichts weiter« verwandelt sich in eine furchtbare Ironie, als der Offizier den Entschluss fasst, sich selbst unter die Egge zu legen. Die Egge läuft unter starken Störungen und tötet ihn, bevor er den Moment der Verklärung (oder genauer: der Transfiguration) erfahren konnte, den er an anderen

---

[33] Franz Kafka, »In der Strafkolonie«, in: ders., *Ein Landarzt und andere Drucke zu Lebzeiten, Gesammelte Schriften 1*, Frankfurt am Main 2002, S. 159–195, hier S. 173.

[34] Ebd. Das bezieht sich auf die Tatsache, dass die adressierte Person, meistens der »Reisende« genannt, nicht imstande ist, die labyrinthische Schrift des Apparats zu lesen, als diese ihm gezeigt wird.

Opfern beobachtet hatte. Seine Handlung bestätigt in grausamer Art das moralische Dilemma, das Terrence des Pres auf den Punkt bringt: »Was andere erleiden, beobachten wir.« Der Wunsch anzuerkennen, was gerecht ist, und es für ihn wie für andere deutlich zu machen, veranlasst den Henker, mit der Foltermaschine die Worte »sei gerecht« in seinen eigenen Körper zu gravieren und so eine märtyrerhafte Zeugenschaft zu erleiden. Ein selbststrafendes und verpfuschtes Opfer tritt an den Platz einer ekstatischen, flüchtigen Illusion.[35]

***

In der Sphäre der Öffentlichkeit vervielfältigen sich die »Pathos«-Texte. Weitläufig umfassen sie Memoiren, Erlebnisberichte (*document vécu*), das lateinamerikanische *testimonio*, ein »Rezitativ« wie das »objektivistische«, aus Gerichtsaufnahmen zusammengestellte Pastiche von Charles Reznikoff in *Testimony* (1934) und *Holocaust* (1975), *victim statements* vor Gerichten und journalistische Reportagen wie *Hiroshima* (1946; dt. Titel *Hiroshima. 6. August 1945, 8 Uhr 15*) von John Hersey. Es wird immer schwieriger, die Fiktion von der Reportage zu unterscheiden, selbst wenn die Autoren ihre Leser nicht zu täuschen suchen. Der Roman und die sogenannte *faction** (eine Mischung aus *fact* und *fiction*) verschmelzen.

Zugleich übersteigen säkulare Erzählungen das herkömmlich Heroische.[36] Heutzutage verleitet die Vorherrschaft des Traumas sowie dessen öffentliche Anerkennung viele dazu, ihren Wert oder den ihrer Gemeinschaft an solchen einschneidenden Erfahrungen des Leids als Garant ihrer Identität festzumachen.

Diese Entwicklung hat sich in ethischer Hinsicht jedoch als problematisch erwiesen. Denn die Unfähigkeit zu trauern oder die

---

[35] Ebd., S. 178: »Schein dieser endlich erreichten und schon vergehenden Gerechtigkeit«.

[36] Vgl. den Pionier der *Oral History*, Paul Thompson, *The Voice of the Past*, Oxford 1978: »History, which once could only weep for King Charles I on the scaffold, can now share grief with the old, illiterate sharecropper Nate Shaw, twice-arrested black Alabama sharecropper, at the loss of his wife Hannah.« Vgl. zudem die frühe, exemplarische Publikation *Let us now praise famous Men* von James Agee mit Photographien von Walker Evans aus dem Jahr 1941, die jedoch auf der Feldarbeit der beiden von 1936 datiert.

ansteckende Logik des Selbstmitleids können in eine ›Opferfalle‹ führen. Dies begünstigt nicht nur Mythen nationalen Verrats. Vielmehr kann es ebenso auf perverse Art und Weise den Prozess der Individuation beeinflussen. Gemäß dieser emotionalen Logik ist es besser, eine Feuerprobe erlitten zu haben, egal wie furchtbar sie gewesen sein mag, als ohne bindende Erinnerungen, ohne Brandzeichen und Beachtung zu leben. Das moderne Pathosnarrativ wird oftmals aus einem solchen Erinnerungsneid geboren – ein Aspekt, auf den ich später noch zu sprechen komme.[37]

Auch einem säkularen (oder postsäkularen) Zeitalter geht keineswegs die ›religiöse Intensität‹ ab, mit der Gefühle und Grundsätze vertreten werden. Die Begriffe ›Zeugnis‹, ›Zeuge‹ und ›Vermächtnis‹ bekräftigen einen Anspruch, der nicht nur Personen mit einer bemerkenswerten öffentlichen Karriere zukommt (beispielsweise wenn wir vom Vermächtnis eines Präsidenten sprechen), sondern gleichfalls unbekannten Menschen. Sie beanspruchen ein Recht, sich zu erinnern, oder selbst erinnert zu werden. ›Jeder hat eine wertvolle persönliche Geschichte‹, lautet eine Einschätzung, die sich oftmals im Feuilleton findet. Dies schließt sowohl gewöhnliche Menschen mit ein, die von den Medien ausgewählt und als Helden präsentiert werden, als auch solche, die als Gescheiterte einer ungerechten und verzweifelt mittellosen Gesellschaft betrauert werden.

Politisches und soziales Leid verschärft in der Allgegenwart, wie es von den Medien im Informationszeitalter verbreitet wird, den Konflikt zwischen dem aktiven Bewerten des Handelns und dem passiven Erleiden als Pathos – ein Pathos, das voll und ganz akzeptiert und davon getragen wird, dass die *conditio humana* letztlich unheilbar ist. Auch wenn es uns schwerfällt, weise Passivität, einen strategischen Pazifismus oder eine Not anzuerkennen, die gemeinsam nur schwer getragen werden kann, so gewinnt das Leid als Pathos seine Bedeutung zurück, wo es sich als eine stille Kraft herausbildet, die das menschliche Schicksal prägt. In der Tat beinhaltete das Pathos immer eine Meditation über das Leid und die Einwilligung in dieses: »Heiß mich nicht reden, heiß mich schweigen / Denn mein Geheimnis ist mir Pflicht.« So lautet Mignons Lied in Goethes *Wilhelm Meister*. Die Frage, ob eine privative, kontempla-

---

[37] Siehe Kapitel II »Zeugenschaft und Leiden auf Distanz« in diesem Band, insbes. S. 83 ff.

tive Form des Lebens nicht ihre eigene Integrität wahrt, bleibt und soll als solche bestehen bleiben.³⁸

***

Die derzeitige Konjunktur von Pathosnarrativen legt nahe, dass der Hedonismus nicht lange bestehen kann, geht man davon aus, dass das ›Projekt der Aufklärung‹ und andere progressive Ideologien weiterhin durch ein hohes Maß an endemischer und politisch geförderter Gewalt diskreditiert werden. Und doch enthält das fortdauernde Versprechen der Kunst und Ästhetik auch eine Hoffnung: Die Zeugenschaft verhindert mit ihren exemplarischen Erzählungen, dass sich letztlich Unwahrheit und Ungerechtigkeit durchsetzen.

Auch das kulturelle Gedächtnis geht, wie ich gezeigt habe, in seiner Konzeption über die bewusste Erinnerung von menschlichem Unrecht hinaus. Gegenwärtig konzentriert sich das kulturelle Gedächtnis dabei insbesondere auf einen Prozess der Anamnese: Es geht darum, dem öffentlichen Vergessen entgegen zu wirken, indem Zeugnisse und Material aus Kunstwerken und Archiven aktiv genutzt werden; zudem sollen Ereignisse, die in ihrem unterdrückten oder kaum dokumentierten Charakter übergangen wurden, nun möglichst integral in das kollektive Bewusstsein übertragen werden. Als wiederherstellende Form der Erinnerung birgt und korrigiert das kulturelle Gedächtnis – oftmals mit Hilfe der literarischen Imagination –, was in den vom Vergessen gekennzeichneten Versionen der Geschichte nicht zur Sprache kam oder verzerrt präsentiert wurde.³⁹

***

Abschließend möchte ich einen kurzen Überblick über das Pathosnarrativ geben, wie es sich heute darstellt. Es hat eine weitläufige

---

[38] Das schließt die religiöse Passion nicht aus, wie sie beispielsweise im Pietismus vorherrscht. Vgl. ferner Anne-Lise François, »Toward a Theory of Recessive Action«, in: dies., *Open Secrets: The Literature of Uncounted Experience*, Stanford 2008, Kapitel 1.

[39] Ruth Behar, *The Vulnerable Observer: Anthropology that breaks your Heart*, Boston 1996.

Beziehung zu den Massenmedien und zum Alltäglichen: zum Journalismus, zu Wahrheitsgeständnissen, Popmusik oder Protestliedern, biographischen Filmepen und Talkshows. Zudem zeichnet sich ein Strang ab, der persönliche Krankheitsfälle oder die Erfahrung von Patienten reflektiert, wie es Susan Sontag, Eve Sedgwick und das expansive Feld der sogenannten ›Narrative Medicine‹ (medizinische Erzählungen) tun. Andere Vorfälle betreffen schwere Übergriffe auf Bürger- und Menschenrechte. Protagonisten oder Interviewer nehmen in diesen Erzählungen meist keine privilegierte Position ein: Sie werden unwillkürlich vom Mitleid ergriffen; Dominick LaCapra spricht von einer »empathischen Betroffenheit«. Wir sehen einen Anteilnehmenden neu, dem es nicht gelingt, den Stand eines neutralen oder distanzierten Beobachters zu wahren. Wie in Kafkas »Strafkolonie«, in Lévi-Strauss' *Traurigen Tropen* oder mit einem klaren Pathos wie bei Ruth Behar, treten »verwundete Erzähler« und »verwundbare Beobachter« auf.[40]

Auch Wissenschaftler – es mag sich um Historiker, Volkskundler, Anthropologen oder Biographen handeln – werden potentiell zu sekundären Zeugen. Sie riskieren ihre Ruhe und Unvoreingenommenheit für Begegnungen, die von trivialen Realityshows bis hin zu volksstämmiger Gewalt und dem Genozid reichen, und zu einer Entweihung der menschlichen Form führen, mit einer so

---

[40] Für exemplarische Verwendungen und Konzeptionen des Archivs vgl. Natalie Z. Davis, *Fiction in the Archives: Pardon Tales and Their Tellers in Sixteenth-Century France*, Stanford 1987. In *Dora Bruder* (Paris 1997) imaginiert Patrick Modiano hunderte von Antragsbriefen von Juden an den Prefäkten von Paris, die dort vergessen liegen bleiben und auf eine Zeit nach den Nazi- und Vichy-Verfolgungen warten, um Empfänger zu finden, die endlich Recht sprechen. Vgl. ferner Tom Lampert, *Ein Einziges Leben: Acht Geschichten aus dem Krieg*, München 2001, ein Buch, das sich randständigen Persönlichkeiten widmet und diese in ihrer vollen Komplexität und Besonderheit rettet, indem es ihnen aufgrund von Archiv- und Wissenschaftsrecherchen das Format einer Lebensgeschichte verleiht. Obwohl Andreas Huyssen dem Konzept einer »strukturellen Anamnese« gegenüber argwöhnisch ist (vgl. Andreas Huyssen, *Twilight Memories: Marking Time in a Culture of Amnesia*, London 1995), weil es die Gegenwart zugunsten einer überwältigenden Kultur der Vergangenheit übergeht, befördern die oben genannten Beispiele, wie Huyssens Studie selbst, den Einfluss des kulturellen Gedächtnisses auf die Gegenwart.

fürchterlichen Folgelast, dass individuelle und kollektive Erinnerung traumatisiert werden.

Extremes Leid ist im Lauf der Geschichte vielfach dargestellt worden. Warum sollten wir also fortfahren, die Qualen der Leidenden zu gestalten und ihren Geist in den wohlgeformten Urnen eines Essays, Gedichts, Romans oder Films zur Ruhe legen? Sind ein karnevaleskes Satyrspiel oder der Galgenhumor nicht vorzuziehen (man denke an Voltaires *Candide* oder an die komischen Nuancen in Kafkas Darstellung des diensteifrigen Offiziers und Henkers)? Zumindest erlaubt diese Art der Darstellung eine kathartische Entlastung.

Und tatsächlich erreicht uns das Pathos in einer Vielzahl von Stimmen. In letzter Zeit hat sich ein Bewusstsein dafür durchgesetzt, verbunden mit der Tatsache, dass die Informationsvermittlung im elektronischen Zeitalter mit ihren Darstellungen von Pathos und Terror zu einer *souffrance à distance*[41] geführt hat und damit neue Probleme auslöst, angesichts einer parasitären Neigung ›konzeptuellen Profit‹ aus dem Leid anderer zu schlagen. Obwohl wir uns kritisch mit dem Leid der Menschheit und selbst mit Fehlverhalten gegenüber Tieren auseinandersetzen,[42] zweifeln wir an

---

[41] Vgl. Luc Boltanski, *Distant Suffering: Morality, Media and Politics*, New York 1999. Vgl. ferner das Kapitel II »Zeugenschaft und Leiden auf Distanz« in diesem Buch.

[42] Der verurteilte Soldat in Kafkas Geschichte wird ziemlich grotesk beschrieben, ausgestattet mit einem tierhaften, sich seiner selbst nicht bewussten, Instinkt. Seine Reaktion auf die Peitschenhiebe des Befehlshabers wird entsprechend geschildert: »Wirf die Peitsche weg, oder ich fresse dich.« – Ich führe zwei Autoren an, akademische Intellektuelle, die das zeitgenössische Pathosnarrativ als sekundäre Zeugen in den Blick nehmen. (Zum Konzept des »intellektuellen Zeugen« vgl. mein Aufsatz: »Shoah and Intellectual Witness«, in: *Partisan Review* [January 1998], übersetzt als »Der Intellektuelle Zeuge und die Shoah«, in: *Menorah Jahrbuch* [1998], S. 245–263 und [neu übersetzt] »Intellektuelle Zeugenschaft und die Shoah«, in: Ulrich Baer [Hg.], *»Niemand zeugt für den Zeugen«. Erinnerungskultur und historische Verantwortung nach der Shoah*, Frankfurt am Main 2000, S. 35–52.) In J.M. Coetzees *Das Leben der Tiere* (Princeton 1999) bedient sich der südafrikanische Schriftsteller dem Format einer fiktiven Vorlesung innerhalb einer offiziellen Vorlesung (der tatsächliche Anlass war die Tanner-Lecture zu menschlichen Werten in Princeton), um ein Universitätspublikum gegenüber seiner Indifferenz zu Tieren zu sensibilisieren. In »Consuming Trauma; or, The Pleasures of Merely Circulating«, in: Nancy

unserer eigenen Integrität ebenso wie an der Wirkung einer literarischen Darstellung dieser Qualen.

K. Miller, Jason Tougaw (Hg.), *Trauma, Testimony and Community*, Illinois 2002, S. 25–54 antwortet Patricia Yaeger nicht nur kritisch auf den Bericht eines anderen Wissenschaftlers über einen hoch emotionalen Fall der Folter und die Möglichkeit, den Selbstmorden von Schwarzen, die in Mississippi inhaftiert waren, einen Sinn zu verleihen. Sie reflektiert explizit die Geste von »liberalen Akademikern«, »die für sich und ihre Studenten Erzählungen des Traumas, der strukturellen Gewalt, der systematischen Ungerechtigkeit, des Übergriffs und der Ungleichheit reproduzieren«. »Wir sind von Geschichten eingenommen«, schreibt sie, »die weitergereicht werden müssen und nicht übergangen werden dürfen«, und sie nennt »die Gefahr von der Gewöhnung an und Genugtuung über eine akademische Melancholie«, die sich »in jenen intrikaten Akten der Trauer, die einen konzeptuellen Profit generieren« (S. 228), niederschlägt. Hinsichtlich weiterer Stimmen, die angesichts eines »aufstrebenden« Marketings und Konsums von persönlichen und selbst von traumatischen Erinnerungen ein Unwohlsein äußern und darin die Möglichkeit eines Wettbewerbs unter den Erinnerungsberichten sehen, vgl. Winter, »The Memory Boom«, S. 59–65. Trotz dieser Einsprüche ist man jedoch dazu verpflichtet, die ethische Forderung eines »wachsamen Gedächtnisses« zu postulieren, das Clifton Spargo so eindrücklich beschreibt, insbesondere in Clifton Spargo, *Vigilant Memory: Emmanuel Levinas, the Holocaust, and the Unjust Death*, Baltimore 2006.

II. Zeugenschaft und Leiden auf Distanz

> Why was the sight
> To such a tender ball as the eye confined?
> (John Milton, *Samson Agonistes*)

Wie sein Name sagt, ist das Fernsehen ein Mechanismus, der ferne Erlebnisse sichtbar macht, während es sich selbst dabei allerdings so unsichtbar wie möglich hält. Es erzeugt damit eine falsche Transparenz, denn um effektiv zu sein, darf das Fernsehen diesen magischen Realismus nicht preisgeben. Es teilt diese Eigenschaft mit dem Druck und anderen Medien. Ebenso wie die Einbildungskraft sind Medien dazu da, Abwesendes zu vergegenwärtigen. Doch unterscheidet sich das Fernsehen erheblich von anderen sprachlichen oder literarischen Medien. Diese respektieren die Unverfügbarkeit abwesender Dinge in einem höheren Maß: Ihre Distanz wird mit eingerechnet. Dies geschieht nicht nur durch bewusst eingesetzte Mittel, die die (relative) Unsichtbarkeit des Autors als rhetorische Manipulation offen legen, sondern auch durch den Unterschied zwischen dem mentalen Akt des Sehens und dem des Lesens. Allgemein vermittelt das Fernsehen weniger die Illusion, abwesende Dinge zu vergegenwärtigen, als die gesteigerte Präsenz gegenwärtiger Dinge. Selbst wo sich das Fernsehen stärker der Information als der Fiktion verpflichtet, strahlt es eine ›hyperbolische‹ Form der Visualität aus.

Natürlich vermag das Fernsehen ebenso wie die Literatur sich selbst zu reflektieren und den Mantel der Magie abzuwerfen, indem es in seinen Einstellungen eine Kamera zeigt, die Bilder aufnimmt oder einen Monitor, der diese Spiegelfunktion leistet. Aber gewöhnlich bedient sich das Fernsehen dieser Mittel, um seine Autorität als objektives Vermittlungsmedium zu stärken. Indem man die Kamera zeigt, lässt man wissen, wie man Bilder schießt: Die Kamera wird nicht mehr als versteckte Waffe verwendet.

Diejenigen, die der Bildermanie der modernen Welt kritisch gegenüberstehen, können die Kamera zwar verteufeln, aber nicht abschaffen. Kameras produzieren Bilder, die durch Inszenierungsformen, massenhafte Vervielfältigung und Verbreitung zu Ikonen werden können. Einmal im Umlauf, sind diese Ikonen nicht mehr aus der Welt zu schaffen: Da sie nicht ortsgebunden sind, wäre jeder verübte Anschlag auf sie nur von symbolischer Bedeutung. Obwohl nach wie vor eine religiöse Rhetorik existiert, die vor den »Begierden der Augen« (*concupiscentia oculorum*, Augustinus) warnt, haben sich längst auch viele religiöse Gruppen dem Medium gebeugt und verwenden es für ihre einflussreiche Propaganda.

Ich will nicht den Eindruck erwecken, das Fernsehen lediglich auf einen Mechanismus zu reduzieren. Es ist vielmehr das mächtigste Mittel, über das wir derzeit verfügen, um Bilder zu produzieren (wenn wir an dieser Stelle auch die Verfügbarkeit von Bildern im Internet als weitere Dimension des ›Fern-Sehens‹ in Betracht ziehen). Hinter diesem Mechanismus stehen jedoch unsichtbare Direktoren und Agenten. Der Journalismus (der inzwischen seinerseits vom Einfluss des Fernsehens auf die Bevölkerung dominiert wird) ist nicht ohne Grund als vierte politische Macht bezeichnet worden. Soziologen und andere Wissenschaftler haben die Manager, die die Bedingungen des Mediums, aber auch die der Berichterstattung und des Konsums, festlegen, einer umfassenden Kritik unterzogen: Sie hegen den Verdacht einer ›strukturellen Korruption‹, die jeden Versuch der Kritik und Veränderung für vergeblich erklärt.

Zweifelsfrei gibt es herausragende Filmemacher, die das Bild durch das Bild kritisieren; auf einen solchen Versuch, an dem ich selbst beteiligt war, werde ich noch ausführlich zurück kommen. Dennoch fällt es schwer, dem französischen Soziologen Pierre Bourdieu nicht beizupflichten, dass jeder, der im Fernsehen auftritt, unwillkürlich einen Teilverlust seiner Autonomie erleidet, und dass die Selbstanalyse, die gelegentlich von Fernsehjournalisten gepflegt wird, letztlich nur deren ›narzisstische Komplizenschaft‹ nährt.

***

Hin und wieder entzündet ein mörderischer Vorfall, wie 1999 der Amoklauf zweier Teenager aus Colorado an der Highschool in Columbine, einen Wirbel von Spekulationen über den Einfluss von Bildern, die das Internet in unsere Häuser bringt. Der Fernseher oder ein Computer mit Videospielen ist dort – wie es scheint – zum neuen Zentrum geworden. Handelt es sich bei diesem neuen ›heimischen Herd‹ noch um ein geschürtes, domestiziertes Feuer, das wir in unsere Privatsphäre überführt haben?

Als Eltern versuchte meine Generation noch, den Konsum des Fernsehens bei Kindern einzuschränken, um sicherzustellen, dass die Schulaufgaben erledigt wurden, oder um negativen intellektuellen und sozialen Einflüssen entgegenzuwirken. Zunehmend besteht das Problem aber nicht mehr nur in einer gelungenen Ökonomie freier Zeit. Es geht heute eher darum, was gezeigt wird, und was die Modalität des Sehens selbst ist. Gewalt-Filme stehen 24 Stunden lang zur Verfügung und auch die Nachrichten strahlen täglich Bilder der Gewalt, des Leids und der Zerstörung aus. Ein grundsätzliches Axiom der Psychoanalyse besagt, dass eine Hyperstimulierung der Phantasie zu Traumatisierung oder zu unangemessenen psychischen Reaktionen führen kann: Obwohl die menschlichen Reaktionen keinesfalls einförmig sind und unsere Psyche ziemlich robust ist, liegt es auf der Hand, dass diese medienbedingte Intensivierung der Bilder einen Einfluss zeitigt. Wir leben in einer visuell künstlich hochgerüsteten Kultur.

Das Problem, ob und inwiefern das Fernsehen für soziale Gewalt verantwortlich gemacht werden kann, ist kompliziert. Das Medium selbst liefert kein nahtloses Gewebe von Bildern. Seine hypnotische Wirkung ist keinesfalls in sich geschlossen. In der Tat ist das Medium weitaus redsamer als die meisten filmischen Kompositionen: Es fügt Schichten von Wörtern zu kontrastierenden Bildauszügen zusammen. Zusätzlich zu den Wörtern und Musikfetzen, die gemeinsam mit den Bildern gesendet werden, kommt der Kommentar des Hauptdarstellers oder Moderators hinzu. Nachrichten, Talkshows, Musik-Montagen (MTV) und Dokumentarserien prägen daher das Fernsehprogramm stärker als Hollywood-Filme für den Einzelhandel. Mehr noch: Obwohl Filme gewöhnlich die Tatsache verschleiern, dass sie episodenhaft sind und sich stattdessen als völlig neu und faszinierend präsentieren (obwohl sie dabei zugleich die Kontinuitäten ins Spiel bringen, die durch berühmte Schauspieler und Charaktertypen garantiert werden), tendiert das Fernsehen nicht nur zu Serienprogrammen, sondern erlaubt zufällige Werbepausen, die durch diesen Bruch unsere Konzentration stören, ohne den hypnotischen Bann jedoch gänzlich aufzulösen.

Bei der Lektüre eines Buches heben wir unsere Augen auf, um nachzudenken, oder um Gedanken festzuhalten; wir erlauben, dass das Gelesene tiefer in uns eindringt. Im Kontrast dazu bietet das Fernsehen (nicht zuletzt weil wir uns beliebig durch die Kanäle zappen können) keine wirklichen Brüche oder Denkpausen; eine audiovisuelle Repräsentation folgt unmittelbar auf die andere. Kurz gefasst isoliert dieser ›Fluss‹ bestimmte Sequenzen und lenkt unsere Aufmerksamkeit zugleich von ihnen ab. Der Realitätseffekt der einzelnen Bilder wird gleichzeitig gesteigert und gemindert. Das ist ein Grund, warum es schwerfällt, generelle Aussagen über die Ansteckungsgefahr der Gewalt im Fernsehen zu machen: Es hängt alles davon ab, ob unsere innere Rezeptivität auf das eingestimmt ist, was in uns eindringt und uns nicht mehr loslässt, oder ob sie sich alternativ dazu auf die – visuellen und verbalen – Unterbrechungen konzentriert, die zu einer Zerstreuung der Aufmerksamkeit führen.

***

Eine offensichtliche Gefahr sollte jedoch nicht übersehen werden. Zunehmend wird Nachrichten, die vor Ort aufgenommen werden, sowie anderen Live-Übertragungen, insbesondere Talkshows, mehr Sendezeit eingeräumt. Bei diesen Sendeformaten kippt der Realitätseffekt um in einen Effekt des Unwirklichen. Das lässt sich folgendermaßen erklären. Wenn wir Romane lesen oder deren Verfilmung sehen, nehmen wir eine Haltung ein, die S.T. Coleridge »suspension of disbelief« nannte, »die willentliche Aussetzung des Unglaubens«. Wir wissen natürlich, dass die vielen blutüberströmten Toten in Action-Filmen gestellt sind und dass dafür beträchtliche Mengen an Ketchup herhalten müssen. Aber was kann medienabhängige Zuschauer, insbesondere die jüngeren unter ihnen, von einer gefährlicheren Form der »willentlichen Aussetzung des Unglaubens« abhalten, die darin besteht, dass sie auf alles Lebende schauen, als handele es sich um eine Realität, die wie Video-Spiele manipuliert werden kann? Der *Unwirklichkeits-Effekt*, der unsere alltägliche Umwelt in elektronische Phantome verwandelt, ist ein neuer und heimtückischer psychischer Abwehrmechanismus.

Gute Fiktion ist durchsetzt von vielen, dezenten Hinweisschildern, auf denen implizit zu lesen ist: »Hier kein Durchgang zur Handlung.« Sie konstruiert reflexive Umwege, die das Lesen in einen vielschichtigen Akt der Interpretation verwandelt und uns daran erinnert, dass wir es mit Repräsentationen zu tun haben. Das Problem mit dem Fernsehen liegt hingegen darin, dass nur ein Knopfdruck nötig ist und ein intimer häuslicher Apparat wird zu einem Servomechanismus, der den Resten einer trügerischen Allmacht der Gedanken ungeahnte Wirkung verleiht. Während das Fernsehen für die meisten nur eine besser geschützte Version des Auges darstellt, nährt es für andere die Illusion, dass unsere unmittelbare Umwelt gleichfalls diesem Apparat entspringt. »Die im Fernsehen übertragene Realität«, schrieb Norman Manea, »wird zu einer selbstverschlingenden ›Proto-Realität‹, von der die Legitimation der realen Welt abhängt und ohne die sie daher nicht existiert.«[43] Unser Blick auf die Welt wird unter diesen Bedingungen ebenso unglaubhaft wie das, was uns in den Nachrichten und zunehmend grausamen Filmen begegnet.

Es soll hier nicht suggeriert werden, dass eine direkte Verbindung zwischen Gewaltszenen im Fernsehen und Gewalttaten von Teenagern vorliegt; wir wissen sicher alle, wie verwirrend, prekär und katastrophengefährdet der Übergang von der Jugend zum Erwachsenenalter ist, unabhängig von sogenannten bösartigen Auswirkungen des Fernsehens. Das Argument ist vielmehr, dass ein Realitätsverlust (*derealization*˚) des Alltagslebens sich verbreitet, der einige Jugendliche dazu bringt, ihren Schmerz, ihre Enttäuschung oder ihre Manie in bestimmten Rollen, wie in einem Spiel oder Drama, auszuagieren. Dieses Drama wird von animierten Apparaten, nicht von Menschen beherrscht und folgt einer einfachen manichäischen Geisteshaltung zwischen ›ihnen und uns‹ oder ›den guten und den schlechten Jungs‹, wie sie nicht zuletzt von zunehmend stereotypen und brutalen Filmen propagiert wird. Die jugendliche Phantasie, die ein bestimmtes Rollenmodell zum Vorbild nimmt, führt leicht zu einer Fehleinschätzung oder einer Stigmatisierung des verhassten Anderen.

***

Angesichts dieses fortschreitenden Realitätsverlusts ist es bemerkenswert, dass vor nur 50 Jahren eines der wichtigsten Bücher über

---

[43] Norman Manea, »Blasphemy and Carnival«, in: *World Policy Journal* 13/1 (1996), S. 71–82, hier S. 81.

das Kino, Siegfried Kracauers *Theorie des Films*, den Untertitel *Die Errettung der äußeren Wirklichkeit* trug. Das Buch entwickelt eine zentrale These mit großer Überzeugungskraft: »Der Film macht sichtbar, was wir zuvor nicht gesehen haben oder vielleicht nicht einmal sehen konnten. Er hilft uns in wirksamer Weise, die materielle Welt mit ihren psycho-physischen Entsprechungen zu entdecken. Wir erwecken diese Welt buchstäblich aus ihrem Schlummer, ihrer potentiellen Nichtexistenz.«[44] Kracauer behandelte den Film als Erfüllung des Realitätseffekts, den die Schwarz-Weiß-Photographie versprochen hatte. »Das Kino«, so sein Argument, »scheint vom Wunsch beseelt, vorübergleitendes materielles Leben festzuhalten, Leben in seiner vergänglichsten Form. Straßenmengen, unbeabsichtigte Gebärden und andere flüchtige Eindrücke [...].«[45]

Im Gegensatz dazu sollte das, was wir heute in den Kinos sehen, *photoys**, Bilderspielereien, genannt werden. Sie verschleiern die Realität, anstatt sie zu erretten. Das soll hier kurz an einigen Details aus dem Film *Matrix* veranschaulicht werden. Zweifellos produziert der Film mit seinen gekonnten Spezialeffekten starke ›psychophysische‹ Sensationen: indem er – um nur einen Effekt zu nennen – die Tendenz einer Körperpiercing-Generation ins Extrem treibt und die Integrität des eigenen Körpers unterläuft. Zusätzlich zu den Dopplungen und außerkörperlichen Erfahrungen, die zum Plot des Films gehören, findet sich anfangs ein glänzendes *visuelles* ›Wortspiel‹, wenn der zögerliche Held des Films von einem ekelerregend lebendigen mechanischen Insekt, das ihm durch den Nabel in die Eingeweide schlüpft, ›verwanzt‹ wird. Dieser gegenläufige Akt des Gebärens erinnert an Nietzsches Einsicht, dass alle Vorurteile den Eingeweiden entspringen. Es hat den Anschein, dass wir dorthin zurückkehren müssten, um die Welt frei von Vorurteilen zu sehen.

Aber die Daten der Sinnesorgane finden in diesem Film nur in Form ungereimter Szenen Eingang: im Sinne eines Hier und Jetzt, das nicht länger an *einen* sicheren, umgrenzten Ort rückgebunden werden kann. So wie christliche Maler die irdischen Ereignisse oftmals mit himmlischen Figuren rahmten und den Handlungsort verdoppelten, hat auch in diesem Film jedes bedeutsame Abenteuer des Helden, wie äußerlich oder scheinbar real dieses auch sein

---

[44] Siegfried Kracauer, *Theorie des Films. Die Errettung der äußeren Wirklichkeit*, Frankfurt am Main 1985, S. 389.
[45] Ebd., S. 11.

mag, sein unmittelbares Echo in einer invasiven Veränderung, die durch physischen Schmerz oder die Schmerzen der Wiedergeburt dramatisiert wird. Zudem führt die doppelbödige Topologie zu einer Entfremdung der Innenräume, die – auf eine absurde Art und Weise – vertraut bleiben. Die Vorrichtung, an die die Menschen geschnallt werden, bevor sie ihre psychophysische Reise antreten, setzt sich aus dem Bild eines Zahnarztsessels, eines elektrischen Stuhls und der Apparatur, in der Astronauten vor dem Start arretiert werden, zusammen. Obwohl wir während der Reise des Protagonisten schäbige, bestenfalls mysteriöse Räume und Passagen durchqueren, um das ›Orakel‹ zu treffen, finden wir es schließlich in einer gewöhnlichen Küche vor, als eine Frau, die gerade dabei ist, Kekse zu backen. Und trotz der Bedeutsamkeit der mobilen Kommunikation für den Film tritt der Held im entscheidenden, letzten Moment in eine altmodische Telefonzelle, ein Retroeffekt, der (nostalgisch, aber kaum realistisch) die Transfiguration von Supermann evoziert. In einem gewissen Sinn kommen wir nie aus dem Filmstudio heraus, das all diese Effekte produziert.

Was für eine Realität wird uns damit aber gezeigt? Interessanterweise sind wir gar nicht so weit von Kracauers »Errettung« entfernt, wie es zunächst den Anschein haben mag. Denn *Matrix* zielt letztlich auf nichts anderes als auf eine Errettung der äußeren Wirklichkeit – dabei mag der Film radikal, komisch, naiv oder verzweifelt vorgehen. Das Motiv der Erlösung bestimmt seine Handlung: Es geht darum, den ›Einen‹ zu finden, der den Mut hat, uns von der Welt der Simulakren zu befreien, die unsere menschlichen Sinne einschränken oder kontrollieren und uns angeblich davon abhalten, die wirkliche Welt als *real* zu erfahren.

Tatsächlich bietet uns der Film aber nur eine mechanische Realität an – eine Montage von Phantasmen und illusionistischen Apparaten, die versuchen, unter unsere Haut zu dringen, wenn auch ohne sonderlichen Erfolg. Die menschliche Realität wird dagegen nur vermittels weniger sentimentaler oder märchenhafter Episoden beschworen, so wie ein ›fabel-hafter‹ lebensspendender Kuss. Wenn Kracauer demnach schreibt, dass das Kino auf einzigartige Weise dafür ausgerüstet sei, »diese Welt buchstäblich aus ihrem Schlummer, ihrer potentiellen Nichtexistenz«[46] zu erwecken,

---

[46] Ebd., S. 389.

dann legt er die geisterhafte Existenz offen, die durch die kinematographische Photographie in ihrer antignostischen, technologischen Gralssuche offenbart wird.

***

Ich wende mich an dieser Stelle aber vom Kino und den aktuellen Medien der Unterhaltungsindustrie ab, um meine eigenartigen Erfahrungen mit dem Medium des Videos und Fernsehens zu beschreiben. Vielleicht ist es auf meinen Realitätshunger zurückzuführen, sowie auf die Pflicht der Erinnerung, dass ich mich an einem Projekt beteiligte, das Holocaust Überlebende filmt. Das Projekt, 1979 von einer *grassroots*-Organisation gegründet, und 1981 von Yale übernommen, war das erste Video-Archiv für Holocaust-Zeugnisse. Ausgangspunkt war u. a. die Fernsehserie *Holocaust* (1978), die unter den Überlebenden das Bedürfnis nach einem Korrektiv weckte. Durch meine Arbeit im Archiv wurden mir Potentiale und Probleme des Mediums Film und insbesondere Video deutlicher bewusst.

Unser Ziel, die Geschichten von Überlebenden und anderen Zeugen auf Video aufzunehmen, gestaltete sich schwieriger, als wir erwartet hatten. Die Idee bestand darin, Augenzeugen ihre schrecklichen Ereignisse vor der Kamera erzählen zu lassen, und dabei so wenig wie möglich zu unterbrechen. Es ging uns um eine Reihe authentischer, autobiographischer Berichte von Zeitzeugen und einen Beitrag zum kollektiven Gedächtnis, bevor diese Zeit aus dem lebendigen Gedächtnis entschwunden und nur noch in Geschichtsbüchern zugänglich sein würde.

Das Projekt ging instinktiv von der richtigen Annahme aus, dass die mündliche Tradierung vom Medium des Video-Zeugnisses unterstützt werden kann, um die Stimmen der Zeugen verkörpert in einer audiovisuellen Form zu sichern. Aber wir haben erst nach und nach die gemeinschaftsbildenden Implikationen dieses Unternehmens und ihren potentiellen Einfluss auf das Gedächtnis und das kommunikative Umfeld verstanden.

Anhand einiger praktischer Aspekte, die wir diskutierten, will ich verdeutlichen, was wir gelernt haben. Wie geht ein Projekt wie dieses mit der verführerischen Magie des Photorealismus um und begegnet – angesichts des legitimen Wunsches, Zeugen und ihren Erfahrungen einen höheren Grad an Evidenz zu verleihen – dem

Problem, die Privatsphäre zu wahren und vor Voyeurismus zu schützen? Sollten wir ein solches Archiv wie ein Heiligtum behandeln und es zumindest eine Zeit lang vor ausschließlich neugierigen oder aufdringlichen Blicken abschirmen? Wir haben einen Juristen befragt, der uns eine Stellungnahme schrieb, in der er den Satz des Richters Justice Brandeis' zitierte: »Sonnenlicht ist das beste Desinfektionsmittel.« Wir haben die Interviewpartner darüber informiert, dass ihr Zeugnis ein öffentlicher Akt sei, der später von allen, die die Universitätsbibliothek aufsuchen, angeschaut werden könne. Ferner wurden Besucher des Yale-Archivs aufgefordert, eine Erklärung zu lesen, die ihnen die Gründe für die Errichtung des Zeugnis-Projekts darlegte.

Wenn ich die ersten zwei Jahre der Filmaufnahmen rekapituliere, wird mir klar, warum das Thema des Privaten so heikel war. Die Überlebenden, die kamen, unterstützten uns voll und ganz; aber andere – Historiker und einige Überlebende, die wir nicht interviewt hatten – waren von den Aufnahmen unangenehm berührt. Sie störten sich zum Teil an der emotionalen, intimen Textur dieser mündlichen Berichte, hauptsächlich jedoch am visuellen Format des Videos.

Tatsächlich sehe ich jetzt unter den nahezu 200 Zeugnissen, die anfangs aufgenommen wurden, eine inspirierte, aber mitunter ebenso irritierende Kameraarbeit. Unser Wunsch, durch Videos die lebhafte Präsenz und den Akt der Aussage hervorzuheben, resultierte in einer exzessiven Bewegung der Kamera. Die scheinbar »unerschütterliche« Kamera (ein Wort, das Kracauer verwendet) zoomte immer wieder in die Gesichter und produzierte bergmaneske Großaufnahmen. Schließlich kamen wir überein, dass dieses expressive Potential der Kamera nicht genutzt werden sollte, bis auf ein Minimum an Bewegungen, die auf eine natürliche Art und Weise die Augen der Zuschauer zufrieden stellten.

Eine weitere Entscheidung betraf das szenische Arrangement. Sollten die Zeugnisse zu Hause oder in einem Studio aufgenommen werden? Unsere Wahl entsprang zunächst einer Beschränkung, ohne dass wir uns darüber im Klaren waren; aber diese Entscheidung stellte sich als glücklich heraus. Die Fördermittel waren am Anfang so gering, dass der freie Raum in einem unbewohnten Stockwerk eines Gebäudes zu einem Behelfsstudio hergerichtet wurde. Dieses Studio war kaum möbliert: gerade so viel Stühle wie nötig, ein Vorhang und manchmal eine Pflanze. Mit diesem Arrangement büßten wir die farbenfrohen, persönlichen Orte ein, die wir bei den Überlebenden zu Hause vorgefunden hätten und die hilfreich sind, wenn Aufnahmen für einen Film entstehen. Zugleich gewannen wir jedoch nicht nur Einfachheit und Klarheit, sondern auch einen psychologischen Vorteil (eine Einsicht, die sich erst später einstellte). In der asketischen Umgebung wurden die Interviewten in ihrem Erinnerungsprozess nicht abgelenkt, oder, um es anders zu formulieren: Sie konnten ihre Aufmerksamkeit nicht auf dieses oder jenes vertraute Objekt richten. Zudem gab es weniger Störungen – durch ein weinendes Kind, einen bellenden Hund oder ein klingelndes Telefon –, die den Gedankenfluss unterbrachen.

Eine andere Entscheidung bestand darin, dass die Kamera ausschließlich die Zeugen zeigte, nicht die Interviewer. Im Rückblick denke ich, dass wir zumindest anfangs ein Bild des Interviewers zur Verifikation hätten zeigen sollen; aber wir hatten darauf bestanden, die Überlebenden sowohl visuell als auch verbal ins Zentrum zu stellen. Trotz der Abneigung des Fernsehens gegen *talking heads*' war genau das unser Vorbild. Der Überlebende als ›sprechender Kopf‹, der lange Zeit mit dem Gesicht zur Kamera gerichtet redet, und somit als verkörperte Stimme – eine komplexere Technik würde die Zuschauer nur ablenken. Wir waren keine Filmemacher, auch nicht ansatzweise. Uns ging es darum, Archiv-Dokumente in audiovisueller Form herzustellen und aufzubewahren. Kurz gefasst war unsere Technik, oder vielmehr deren Mangel, homöopathisch: Wir verwendeten das Fernsehen, um es zu kurieren; wir kehrten das Medium gegen sich selbst, indem wir es reduzierten, während wir zugleich von seiner Macht der Visualisierung profitierten.

Ich vermute, dass wir durch das Ausblenden der Interviewer einen gewissen Grad an Transparenz eingebüßt haben – indem sie nur gehört, nicht gesehen werden. Aber das Wichtige war das Protokoll der Fragestellungen. Die Interviewer wurden darauf trainiert, den Zeugen nur so viele Fragen zu stellen, dass sie sich wohl fühlten, dass ihre Gedächtnis-Angst sich verminderte und der Erinnerungsfluss sich fortsetzen konnte. Den Interviewern kommt in dieser Form der *Oral History* eine besondere Rolle zu. Sie unterscheidet sich in erheblichem Maß von der des Journalisten. Zwar geht es durchaus auch darum, Informationen von oftmals geschichtlicher Bedeutung zu erfragen. Aber letztlich zielen die Interviews darauf, Erinnerungen freizusetzen: nicht von gestern oder von vor einiger Zeit, sondern so weit und so tief das Gedächtnis der Zeugen eben reicht.

Dieser Akt der Erinnerung kann nicht gelingen, wenn man den anhaltenden Einfluss des Holocaust im Leben der Zeugen nicht respektiert. Nachträgliche Gedanken und Assoziationen stellen sich oftmals erst im Moment der Zeugenaussage ein; die Vergangenheit ist nicht mehr verkapselt. Die besten Interviews entstehen aus einem *Zeugenbündnis* zwischen Interviewer und Interviewten; es entwickelt sich eine Vertrauensbeziehung, in der die Suche nach den Fakten nicht alles andere an den Rand drängt. Ein solches Bündnis ist jedoch ein Rahmenereignis, das jenseits der Reichweite der Kamera liegt. Es kann nicht transparent gemacht werden (in dem Sinn, dass es visuell lesbar wäre), sondern benötigt die Form der Vermittlung, die der Autor und Psychiater Dori Laub und andere am Yale-Projekt Beteiligte in das Projekt haben einfließen lassen. Wenn ich über den gemeinschaftlichen Rahmen des Projekts spreche, dann schwingt darin ein wiedererwachendes, verwundetes Vertrauen mit. Die Interviewer – und tatsächlich alle Beteiligten – formen eine Ad-hoc-Gemeinschaft und werden zu Repräsentanten einer größeren Gemeinschaft, die sich von den historischen Katastrophen und den darin involvierten persönlichen Traumata nicht abkehrt, sondern diese anerkennt.

***

Von Maurice Halbwachs und erneut von Pierre Nora haben wir gelernt, dass die Erinnerung immer ortsgebunden ist. Wie photographiert man aber eine Erinnerung, wie verleiht man ihr Sichtbarkeit, wenn dieser Ort durch die Gewalt des Holocaust und den Fortlauf der Zeit zerstört wurde? Erlebnisse hingegen bleiben im Gedächtnis erhalten, auch wo sie vom Ursprungsort abgeschnitten sind. Das Wissen um unsere Sterblichkeit vermag sogar aufzuwerten, was zu verschwinden droht. Das stumme oder gedämpfte Erinnerungsbild verleiht der Photographie eine besondere Aura. Der Effekt ist der eines Stilllebens (auch wenn die Kamera in Bewegung ist): Eine schattenhafte Präsenz taucht auf, jene geisterhafte Forderung nach Reintegration, die Kracauers Filmtheorie ihre Plausibilität verleiht.

Das Holocaust-Video kann eine Rückkehr der Erinnerung nicht dadurch erreichen, dass es die Opfer an die Orte ihres Leids zurückversetzt, wie es Claude Lanzmann in seinem Film *Shoah* praktiziert hat. *Shoah* zeigt beispielsweise ein Feld oder eine Baumgruppe, die inzwischen ziemlich unschuldig aussehen, und an der das Kameraauge ähnlich wie in Michelangelo Antonionis *Blow-up* scheitert. An einer Stelle seines Films arrangiert Lanzman eine eindrückliche *mise-en-scène*, indem er einen Frisör, der im Lager den Gefangenen die Haare geschnitten hatte, in einen gewöhnlichen Frisörladen platziert. Obwohl dieser Trick wirksam ist, spüren wir seine Künstlichkeit. Erinnerungen stellt man am besten wieder her, indem man den inneren Druck mit Hilfe von Interviewern, die keine Aggressivität einsetzen, steigert.

Im Idealfall bleiben diese Interviewer nicht nur Fragende: Sie bilden eine neue »affektive Gemeinschaft« (Halbwachs), die das ursprüngliche und auf tragische Weise zerstörte Milieu – wie unangemessen auch immer – ersetzt. An dieser Stelle fällt jedoch ein Schatten des Widerspruchs auf das Video-Zeugen-Projekt im Dotcom-Zeitalter: Kann die Erinnerungsarbeit und ihr gemeinschaftsbildender Aspekt dem »unerschütterlichen« Kamerablick widerstehen, seinem kalten, objektivierenden Fokus und darüber hinaus den unpersönlichen Marktkräften der elektronischen Speicher- und Distributionsmedien?

Ich habe betont, dass die *talking head*-Videoaufnahmen der Zeugen nur scheinbar realistischen, tatsächlich aber zunehmend hyperrealistischen Fernsehprogrammen entgegenwirken. Zum Teil verdankt sich dies der Tatsache, dass den Zeugenworten keine Filmbilder von Reinszenierungen der erzählten Ereignisse unterlegt werden. *Obwohl die Zeugnisse eine breite Zeitspanne und sämtliche Orte umfassen, fokussiert die Kamera ausschließlich eine Person an einem bestimmten Ort zu einer bestimmten Zeit.* Während die Präsentation von Zeugnissen im audiovisuellen Format eine expressive Dimension hinzufügt, liegt auch darin nicht das Wesentliche – denn die Haltung und Gestik des Sprechers könnte ebenso gut von der Geschichte, die erzählt wird, ablenken. Was jedoch essenziell ist, ist der mentale Raum dieser Bildgestaltung. Die Zeugen können besser in sich hinein ›sehen‹ und sich besser hören; auch die Zuschauer haben teil an dieser Intimität.

Unsere ganzen Anstrengungen in Yale richteten sich demnach auf die persönlichen Geschichten der Zeugen. Um die Autonomie der Zeugen während der Aufnahme zu steigern, verzichteten wir zudem darauf, ein Zeitlimit oder sonstige Einschränkungen festzulegen. Trotz allem entsprang diese Entscheidung weniger der Reflexion über das Medium des Fernsehens, als vielmehr der Tatsache, dass die Opfer der Shoah ihrer Autonomie auf grausame Art beraubt worden waren. Zudem war die Kamera, weil sie auf das Gesicht und die Gesten der Zeugen fokussierte, alles andere als kalt: In der Tat ›verkörperte‹ sie erneut diejenigen, denen in den Lagern die Freiheit und das Bild ihres eigenen Körpers genommen worden waren.

Ich bin mir jedoch unsicher, wie gut wir mit der Postproduktion zurechtkommen werden. Denn während der Fernunterricht zum Standard wird und digitale Katalogisierungsprozesse überhand nehmen, können Archive des Gewissens wie die unseren nicht ohne Weiteres Widerstand leisten; sie laufen Gefahr, gleichfalls in Informationsmegabytes innerhalb elektronischer Warenhäuser des Wissens verwandelt zu werden. Dieser Hunger nach immer mehr Information, nach Fortschritt, der in Bezug auf den Holocaust bereits einen außerordentlichen und melancholischen Rekord erreicht hat, hat bisher zu keinen nennenswerten ethischen Lektionen geführt. Die Akkumulation von faktischen Details mag sogar als Ausrede dienen, um der Frage zu entgehen, was gelernt werden kann. Denn es genügt nicht zu sagen, dass ›nichts‹ gelernt werden könne; dass angesichts der Größe dessen, was sich ereignet hat, keine Lektion Bestand habe. Sei es auch nur, weil eine solche Position den Zeugenakt an sich außer Acht lässt und die Kluft vertieft, die sich nach Auschwitz zwischen der Möglichkeit des Zeugnisses – im Sinne einer visuellen und verbalen Repräsentation –, und dem von Sarah Kofman formuliertem Axiom auftut: »Sprechen – es muss darüber gesprochen werden – *ohne Macht.*«[47]

***

Nachdem ich den gemeinschaftlichen Rahmen der Erinnerungsarbeit beschrieben habe und den möglichen Einfluss, den die Videoaufzeichnungen von Überlebenden auf das Medium haben können, bin ich versucht, eine letzte und sehr breite Verallgemeinerung zu treffen. Sie verschiebt den Blick von den Überlebenden hin auf

---

[47] Sara Kofman, *Erstickte Worte*, übers. von Birgit Wagner, Wien 2005, S. 25 (im Original steht »pouvoir« anstelle von »Macht« in der deutschen Übersetzung, Anm. des Übers.).

die Zuschauer der Zeugnisse und letztlich auf die Qualität unseres Blicks an sich. Die Medien machen uns zu impotenten, unfreiwilligen Zuschauern; so verhielt es sich mit den Ereignissen in Bosnien und dann im Kosovo und später in Ruanda. Es ist nicht mehr möglich, im Stand der Unwissenheit zu verweilen. Aber die Auswirkungen dieses traumatischen Wissens, dieses *tele-suffering** als ein Leiden auf Distanz, treten immer deutlicher zutage.

Einen komplexen Sachverhalt beschreibt in diesem Zusammenhang das sekundäre Trauma, das sich als Schuld oder vielleicht auch Scham der Zuschauer niederschlägt, weil wir uns des Bösen oder auch einfach eines Leids bewusst werden. Wir wissen mehr über die Identifikation mit dem Täter als über die mit dem Opfer. Das Stockholm-Syndrom beschreibt diese Beziehung zwischen dem Verfolgten und dem Verfolger, zwischen dem entführten Opfer und dem Entführer. Die mitfühlende Identifikation mit dem Opfer wird hingegen vorausgesetzt, so dass starke Nebeneffekte wie Formen der Überidentifikation mit den Opfern bisher wenig Aufmerksamkeit auf sich gezogen haben.

Dass wir durch eigenes Leid lernen, ist ein Klischee, das in der Literatur oft wiederholt wird. Das eigentliche Problem besteht jedoch darin, ob wir aus dem Leid Anderer etwas lernen können, ohne dass wir uns zu sehr mit ihnen identifizieren. Die Überidentifikation mit den Opfern kann Konsequenzen haben, die ebenso gravierend sind wie die Identifikation mit dem Täter. Tatsächlich vermute ich, dass es eine Wandlungsfähigkeit hin zu einer Kälte oder Grausamkeit gibt, wenn es darum geht, etwas in uns einzulassen, das zu schwer wiegt und demnach unbedingt vergessen oder bewältigt werden will. Wir fürchten uns nicht nur vor der Vorstellung des Leids, sondern ebenso vor der Ohnmacht gegenüber Leid, das nicht bewältigt werden kann und in der Folge zu obsessiven Gedanken und zur Desensibilisierung gegenüber dem Leiden Anderer führen kann. Ohne Empathie keine Kunst, insbesondere keine Fiktion; trotz allem ist der einfühlsame Umgang nicht leicht zu erlernen.

Das Holocaust-Zeugen-Projekt ist eine aktive, wenn auch verspätete Antwort auf grausame Geschichten, die aber meist in einer ertragbaren Form übermittelt werden. Auch sie schaffen, wie bereits angedeutet, eine Beziehung. Die Psychologin Judith Herman merkt an, dass die traumatische Geschichte im Akt des Erzählens zum Zeugnis wird: Während der Interviewer dem Zeugnis lauscht und als aktiver Zuhörer das Erzählen ermöglicht, ist er ein Partner im Akt einer auf die Zukunft ausgerichteten Erinnerung, die uns verpflichtet, unmenschliche Ereignisse wahrzunehmen, anstatt sie zu unterdrücken.

Das Schlimmste kehrt demnach wieder, um spätere Generationen heimzusuchen. Aber es bietet auch die Möglichkeit einer Aufarbeitung. Diese Formulierung ist aber nach wie vor harsch. Wir wissen von Primo Levis *Die Untergegangenen und die Geretteten*, dass der »Ozean der Schmerzen« für die Überlebenden von Jahr zu Jahr stieg, anstatt zu verebben und viele von ihnen von einer Scham übermannt waren, von der sie sich nicht befreien konnten. In der Tat zeichnet sich in dieser Zirkulation von Videozeugnissen und allgemein von Memoiren oder fiktionalen Berichten ein erstaunliches Phänomen ab.

***

Dieses Phänomen nenne ich Erinnerungsneid. Ein extremer Fall stellt Binjamin Wilkomirski dar, dessen Buch *Bruchstücke. Aus einer Kindheit 1939–1948* (1995) als unübertroffen authentische Darstellung vom Überleben des Holocaust eines Kindes anerkannt worden war. Inzwischen ist jedoch erwiesen, dass Wilkomirski in der Schweiz aufwuchs und in keinem Konzentrationslager interniert war. Seine Identifikation mit den Erfahrungen der Überlebenden ist trotz allem überzeugend. Der Autor internalisiert, was er gehört und gelesen hat und gibt es als eigene Erfahrung wieder. In diesem Fall ist es schwer, das Kreative vom Pathologischen zu trennen. Ein tiefer Neid ist am Werk, insbesondere in denen, die selbst über keine starken Erinnerungen verfügen – ›stark‹ bezieht sich hier auf eine Erinnerung, die soziale Anerkennung findet. Der Wunsch, eine unverwechselbare Identität zu besitzen, wie schmerzvoll diese auch sein mag, spielt ebenfalls eine Rolle: Man eignet sich lieber falsche Erinnerungen an, als ohne oder nur mit schwachen Erinnerungen zu leben.[48]

---

[48] In Referenz auf einen weiteren eigentümlichen, aber durchaus nicht untypischen Fall vgl. »The Swede who says she was Anne Frank«, ein Bericht von Dennis Eisenberg in der *Jerusalem Post*, 19. März 1999, B 12. Sigrid Weigel charakterisiert die psychogenetischen Erinnerungen dieser Art als »Entréebillet [...] mit dem jeder einzelne, in Absehung von seiner

Ein ähnlich interessanter, wenn auch ganz anders gearteter Fall ist Harold Pinters *Asche zu Asche* (1996). Das Drama handelt von einer Frau namens Rebecca, die von ihrem Ehemann über die sadistischen Praktiken eines ehemaligen Geliebten ausgefragt wird. Rebecca scheint diese Gewalt toleriert zu haben oder war von ihr hypnotisiert, vielleicht steht sie auch nach wie vor in ihrem Bann. Der Holocaust wird nie erwähnt, aber sie lebt, ähnlich wie Sylvia Plath, im Dunstkreis der Shoah – in einer Erinnerung, vielleicht in einer Phantasie, die von männlicher Gewalt dominiert wird, vom Verlust von Kindern und der Unschuld, die diese hervorrufen. Ihr Mann vermag es nicht, sie aus dieser Welt zu holen; vielmehr produziert das Ausfragen seiner Frau eine neue, zusätzliche Form von Gewalt. Wie bei den Aufnahmen der Zeugnisse der Überlebenden ist die Bühne bei Pinter von jeglichen Requisiten freigeräumt; die einzige Handlung ist das Interview, das von der Frau scheinbar nicht erwünscht ist. Es ist erschreckend zu hören, wie Rebecca am Ende und Höhepunkt des Stückes die Worte einer Frau wiederholt, der man ihr Kind weggenommen hat (ich zitiere wörtlich, streiche aber das ›Echo‹, das im Stück zusätzlich die letzten Worte jeder Zeile wiederholt):

Sie brachten uns zu den Zügen
Sie nahmen die Babys weg
Ich nahm mein Baby und wickelte es in mein Schultertuch
Und ich machte daraus ein Bündel
Und ich trug es unter meinem linken Arm
Und ich ging durch mit meinem Baby
Aber das Baby schrie los
Und der Mann rief mich zurück
Und er sagte, was haben Sie da
Seine Hand griff nach dem Bündel
Und ich gab ihm das Bündel
Und da hielt ich zum letzten Mal das Bündel
Und wir stiegen in den Zug
Und wir kamen an diesen Ort

spezifischen Position in der Geschichte, Zugang zum großen Drama der Geschichte erhält«. Sigrid Weigel, »Die ›Generation‹ als symbolische Form. Zum genealogischen Diskurs im Gedächtnis nach 1945«, in: *Figurationen* 0 (1999), S. 158–173, hier S. 166.

Und ich traf eine Frau, die ich kannte
Und sie sagte, was ist mit ihrem Baby
Wo ist ihr Baby
Und ich sagte, welches Baby
Ich habe kein Baby
Ich weiß von keinem Baby[49]

Als ich diese Zeilen erstmals gelesen habe, lösten sie einen Schock aus, denn sie wiederholten (mit minimalen Differenzen), was eine Überlebende in einem Yale-Zeugnis geäußert hatte. Ich habe die Zeilen zuerst in einer Rezension von Pinters Theaterstück im *New Yorker* gelesen, nachdem es zwei Jahre später, 1999 in Amerika uraufgeführt wurde. An diesem Beispiel lässt sich erahnen, wie sich Informationen ausbreiten und die Erinnerung an den Holocaust affektiv eine breite Öffentlichkeit erreicht. Denn es ist unwahrscheinlich, dass Pinter das entsprechende Yale-Zeugnis gesehen hat. Es ist eher zu vermuten, dass er diese Worte in einem Buch von Lawrence Langer gefunden hat, der die erste wisssenschaftliche Studie über das Yale-Archiv unter dem Titel *Holocaust Testimony: The Ruins of Memory* (1991) veröffentlichte. Dieses Buch zitiert nicht genau jene Worte, aber sie stehen fast wörtlich in Langers späterer Studie *Admitting the Holocaust* (1995). Das Zitat findet sich bezeichnenderweise im Kapitel über Cynthia Ozicks »Der Schal«.

Bei Pinter ist das ursprüngliche Erinnerungsmilieu, dem die Worte des Zeugen entstammen, gelöscht. Aber der literarische Zusatz des ›Echos‹ inszeniert eine reale Person, und zwar den Autor Pinter selbst, der fast wörtlich die Beschreibung eines Deportationstraumas wiederholt. Seine Übertragung bringt den Akt der Rezeption, das einfühlende Lesen, in die Gegenwart. Obwohl man schlichte Hinweise auf den Holocaust-Kontext bereits früher im Text findet, macht dieser letzte Monolog die Situation eindeutig. Wichtiger als der geschichtliche Kontext ist jedoch die Resonanz des Dramas. Der Holocaust hat das Bewusstsein von Rebecca (und das des Theaterautors) zu einem solchen Grad infiltriert, dass keine

---

[49] Harold Pinter, »Asche zu Asche«, übers. von Michael Walter, in: *Spectaculum/Moderne Theaterstücke* 63, Frankfurt am Main 1997, S. 131–151, hier S. 150 f.

weitere geschichtliche Konkretion nötig ist – weitere Details würden das Pathos des kurzen Stückes sogar schmälern. Es gibt meines Wissens keine Terminologie, um die symbolische Methode des Dramatikers zu beschreiben, die darin besteht, den Ort der Handlung zugleich identifizierbar und unkonkret erscheinen zu lassen. Weitere Beispiele dafür finden sich in Romanen von Aharon Appelfeld und Norman Manea. (Das Land der Verleugnung, das Albert Camus in *Die Plage* skizziert und dessen Kontext mit Bestimmtheit auf die Judenverfolgung in Frankreich referiert, ist in einem konventionellen, wenn auch effektiven Sinn, allegorisch.) Das kontextualisierte Ereignis mag zwar einzigartig sein, doch Pinter zielt mit der Erzählung der Frau auf den Ausdruck eines allgemeinen Aspekts der menschlichen Existenz. Man fragt sich, wie oft dies in der Literatur geschieht – wie oft wir also daran scheitern, die ausgeblendeten Kontexte zu identifizieren. Vielleicht hat Aristoteles dies gemeint, wenn er davon sprach, dass die Dichtung philosophischer als die Geschichtsschreibung sei. Zudem ist die Rahmenlegende in der griechischen Tragödie mit ihrem stark konzentrierten Dialog so gut bekannt, dass sie automatisch mitgehört wird und nicht extra betont werden muss. Diese Reduktion geht mit einer ausdrucksstarken Abstraktion einher. In diesem Sinn und nur in diesem Sinn wird der Holocaust zu einer Legende.

Am Beispiel Pinters können wir beobachten, wie sich der historische Referent nahezu auslöscht. Die starke Resonanz des Ereignisses dehnt sich aus und bringt es zum Verschwinden – wie die wachsenden Ringe um einen ins Wasser geworfenen Stein. Aus dem aufgezeichneten Video sind Schlüsselworte in ein wissenschaftliches Buch gewandert, dann in ein populäres Drama, und vermittels seiner Rezension in ein einflussreiches Magazin. *Asche zu Asche* ist demnach ein ungewöhnlich selbstreflexives Beispiel von Erinnerungsneid. Die Bilderwelt des Holocaust wird hier eher zitiert als vereinnahmt. Rebeccas Leidensgeschichte entstand aus einer emphatischen Verarbeitung und ist nicht die Folge einer totalen Identifikation. Pinters Wiederaufnahme von Elementen aus dem Bericht einer Überlebenden ist eine selbst-erlösende Reinszenierung, auch wenn sie wenig Trost spendet.

***

Zwei Anliegen bleiben bestehen. An welchem Punkt verwandelt die Ausweitung der Holocaust-Erinnerung diese in eine Ware und banalisiert das neue darstellerische Genre (das Video-Zeugnis) oder gar auch die Erinnerung an den Holocaust selbst? Werden die Erinnerungen zuletzt nicht nur Gegenstand eines wissenschaftlichen Buches oder Höhepunkt eines enigmatischen, bewegenden Dramas und zirkulieren so letztlich nur als konventionsbedingte, ikonische Waren in verschiedenen Verpackungen? Eine zweite, ethisch motivierte Sorge betrifft Pinters Verwendung dieses Materials. Bilder des historischen Holocaust werden aus ihrem ursprünglichen Kontext herausgelöst und mit einer privaten und prekären mentalen Verfassung zusammengeführt. Einige mögen darin eine Ausbeutung sehen. Ich habe vorgeschlagen, dass sich darin eine unabdingbare, aber zugleich auch angemessene Entwicklung vollzieht. Das Pathos des Zeugnisses verliert seinen spezifischen Kontext, gerade weil es eine weit verbreitete Angst spiegelt – hier betrifft sie den Verlust eines Kindes und die traumatische Unterdrückung dieser Erinnerung. Was andere leiden, sollten auch wir erleiden.

Die Herausforderung besteht jedoch darin, wie sich die Anteilnahme am Leid anderer vollziehen kann. Die ganze Problematik, wie wir mit anderen mitfühlen, und sie darin auch begleiten können, taucht hier erneut auf. Der Druck, empathisch zu antworten, ist enorm und produziert eine Form der Mitleidserschöpfung und Langeweile. Aber er könnte auch zu Ärger und Hass führen: Zuerst kehrt sich dieser Affekt vielleicht nach Innen, in Form des Selbstekels (der zu Depressionen führt, wenn wir nicht entsprechend reagieren), um sich dann vermittels einer sadistischen oder gewaltsamen Handlung nach außen zu wenden, womit sich ein Teufelskreis schließt. Dieser Kurzschluss ist unausweichlich, wenn wir uns im Namen der Moral mit den Opfern überidentifizieren, oder wenn wir die Differenz zwischen ihrem und unserem Leid nicht angemessen respektieren. Wie Primo Levi und auch Charlotte Delbo – eine französische Dichterin und Überlebende – beobachtet haben, werden selbst die Worte, die dieses Leid beschreiben, zu falschen Marken, wenn es um die Shoah geht. ›Hunger‹ und ›Morgen‹ bedeuten in der Alltagssprache nicht dasselbe wie im Lager.

An diesem Punkt kommt der Kunst und insbesondere der Literatur ihre besondere Bedeutung zu. Die Kunst erweitert die emphatische Vorstellungskraft, während sie zugleich die Grenzen dieser Einfühlungskraft aufzeigt. Damit deutet sie zugleich eine Möglichkeit an, wie Wissen und Gefühl miteinander in Einklang zu bringen sind. Diese Art der ästhetischen Erziehung kann sich jedoch auf keine Methode verlassen: Sie beginnt früh und erstreckt sich über die Universität hinaus auf das ganze Leben. Sie macht keine Vorschriften und, obwohl sich einige Regeln aufstellen ließen (als eine Poetik oder Hermeneutik), beruht diese Form des Denkens auf einem strukturellen Moment der Unbestimmtheit, die der binären Struktur des Denkens entgeht. Auf diese Weise wird eine Wahrnehmungsunterbrechung möglich, ein Orientierungsverlust, der nicht mit Skeptizismus oder Nihilismus zu verwechseln ist.

Weil das Denken des Leids sich vom Denken über das Leid unterscheidet, ist es nicht die Abwesenheit von Bedeutung, die Maurice Blanchot stört, sondern die Anwesenheit. Wovor er warnt, ist die Versuchung, »die Schrift des Desasters« vorwegzunehmen, indem man ihr vorschnell eine Bedeutung beimisst: Die »Gefahr, dass das Desaster Sinn annimmt, anstatt sich zu verkörpern«. Seine Anweisungen lauten: »Wachen über dem abwesenden Sinn«. »Lerne unter Schmerzen zu denken.«[50]

Der visuellen Darstellung fällt es noch schwerer als der narrativ-literarischen, diese Herausforderung umzusetzen. Kracauers Axiom, dass »das Kino [...] also darauf ab[zielt], den innerlich aufgewühlten Zeugen in einen bewussten Beobachter umzuwandeln«,[51] erkennt die Bedeutung des Mediums Film für den Menschen und verweist uns zugleich auf das moralische Dilemma: die Schuld oder Scham, die im Blick begründet ist, und das unbeständige Temperament des Mitleids. Die Dominanz des technisch Visuellen, die Hyperrealität des Bildes, ist heute zu einem Faktum des Denkens und Lebens geworden. Dies prägt sowohl die Moralität als auch die Mentalität. Wie schwierig es auch sein mag, das Medium Fernsehen zu entzaubern, wir müssen mehr darin sehen, als eine Quelle der Unterhaltung und Information.

---

[50] Maurice Blanchot, *Die Schrift des Desasters*, übers. von Gerhard Poppenberg und Hinrich Weidemann, München 2005, S. 56, S. 57 und S. 175 (Herv. i. O. gelöscht).
[51] Kracauer, *Theorie des Films*, S. 92.

III. Das Demokratische Museum und die Zukunft der Kunstkritik

Die Millenniumsausgabe des *New York Times Sunday Magazine* mit dem Titel »Das Leben, das sie lebten«[52] hat keine Bedenken, frei von moralischen Urteilen eine irritierende Vielfalt von Lebensentwürfen zu präsentieren. Sie widmet sich einem wilden demokratischen Mix von Berühmtheiten (Whitman: »I contain multitudes«), ehemaligen Celebrities, vergessenen Aktivisten, unbeachteten oder halbbekannten Künstlern und Künstlerinnen sowie einem obskuren, kürzlich hingerichteten Mörder (dessen Aufnahme in den Zeitungsbericht das übergangene Thema »Die Tode, die sie starben« verrät). Nehmen wir zudem eine keineswegs untypische Werbung für eine Tanzaufführung mit dem Titel *Der geheime Club: Schwebende Engel 2000* zur Hand. Sie kombiniert, so die Beschreibung, ergibt »die Präzision des klassisch inspirierten Balletts mit der Sensibilität des industriellen Euro-Trash«.

Ist es möglich, angesichts dieser Vielfalt und Hybridität eine kritische Perspektive auf kulturelle Produktionen aufrecht zu erhalten? Für Nietzsche konnte echte Kritik, wie der tragische Sinn selbst, nur aus dem Geist der Musik entstehen – die Musik bedeutet für ihn etwas, das Versenkung und Selbstvergessenheit erfordert. Nietzsche polemisiert gegen eine beschränkte Zuschauerhaltung, die Kunst als interesseloses Unterhaltungsmedium schätzt. Sein »idealer Zuschauer« ist dagegen ebenso wenig von der Handlung getrennt, von dem, was wahrgenommen wird, wie der Chor des griechischen Dramas. In ähnlicher Weise forderte das Spektakel von Wagners Musiktheater die seichte Moral jener Besucher heraus, die Nietzsche sich vorstellte. Die Kunst konfrontierte sie mit dem Risiko einer Wiedergeburt als ›ästhetische Zuhörer‹.

Heute hat sich sowohl der Geist der Kunst als auch der der Kunstkritik verändert. In der gegenwärtigen Gesellschaft des Spektakels, einer Welt der konventionalisierten Überschreitungen und

---

[52] Tom Wolfe, »The Lives They Lived«, in: *New York Times Sunday Magazine*, 2. Januar 2000.

des ausgestellten Konsums, scheint die Kunst zum Konsumenten ihrer selbst geworden zu sein. Die überquellende Fülle der Klänge und Bilder, wie ungewöhnlich und eindrücklich sie auch sein mögen, werden schon im nächsten Moment zu Routine-Erscheinungen. Hinzu kommt eine fortwährende Selbstentblößung, die insbesondere den erfolgreichen (man lese: vermarktbaren) Kuppler würdigt. In dieser Situation kannibalisiert die Kunst ihre eigene Vergangenheit durch Pastiche oder Parodie oder blendet sie aus und mündet somit in Vergesslichkeit und Zerstreuung.

Zeitgenössische Ausstellungen passen sich immer mehr an das MTV-Format an: eine Vielzahl hypnotisierender, mobiler Objekte, die eine ältere, optische Ästhetik der Kontemplation ad acta legt. Dionysos hat allenfalls, wie bei Jeff Koons, eine niedliche Rokoko-Präsenz. Es gibt mehr »eye candy« als echte Schockmomente (man vergleiche die surrealistischen Kinobilder von Luis Buñuels *Chien d'Andalou* [dt. Titel *Ein andalusischer Hund*] aus dem Jahr 1929). Wie können wir diese Entwicklung beurteilen, insbesondere wenn die Künstler selbst so viel aufsehenerregenden Lärm produzieren und uns mit störenden, programmatischen oder apologetischen Kommentaren bombardieren? Hat Nietzsches ideales Publikum einer ästhetischen Zuhörerschaft je existiert, abgesehen von einer verschwindend kleinen Elite?

Um diese Wende in der Kunstkritik deutlicher zu machen, beziehe ich mich nochmals auf das kulturelle Gedächtnis, indem ich es vom öffentlichen Gedächtnis unterscheide. Eine solche Unterscheidung mag sich – zugestandenermaßen – dem Vorwurf eines kulturellen Pessimismus aussetzen. Doch möchte ich nicht Theodor W. Adornos oder Dwight Mac Donalds ablehnende Kritik der Massenkultur wiederholen, um eine reinigende Revision zu provozieren. Vielmehr verfolgt die Analyse ein diagnostisches Ziel, sie ist assertorisch oder therapeutisch zu verstehen. Ich möchte fragen, ob es nach wie vor Kriterien für wichtige Unterscheidungen gibt. Ist die Kunst noch die Sphäre, die authentische Wertmarken menschlicher Kreativität ausstellt?

***

Nietzsches Haltung gegenüber der Öffentlichkeit als einer wachsenden, vulgären Masse von Zeitungslesern und Spektakelsuchern führt ihn zur Konzeption eines öffentlichen Gedächtnisses, wie es etwa zeitgleich Flaubert in seinem satirischen (aber ebenso pessimistischen) *Wörterbuch der Gemeinplätze* entworfen hat. In unserer Zeit wird das öffentliche Gedächtnis vorwiegend durch die schier endlosen Wiederholungen der Massenmedien geprägt, und es wächst zu einem Speicher, über den sehr einfach verfügt werden kann. Die Intimität eines früheren populären Schauspieltheaters mit seiner *demimode* ist heute weitgehend durch das Fernsehen und seine tägliche Wahrnehmung *à distance* ersetzt worden. Es ist zu bezweifeln, ob so die Intimität des neuen *demokratischen* Panoptikums eine wertvolle Neuerung darstellt, insbesondere wenn man an den Voyeurismus von Realityshows denkt.

Das Überangebot an Kunst und Medien, das von großen, virtuellen Archiven der technologischen Kommunikationsmittel und von einem Historismus (sei er nun alt oder neu) gespeist und gefördert wird, besiegt jede Urteilskraft. Zugleich setzt dieses Überangebot aber eine Flut von Meinungen frei – bereits Nietzsche verurteilte seine Epoche aufgrund ihres »Meinungskults«. Während sich der Konflikt zwischen dem Diskurs der Geschichte und dem der Erinnerung innerhalb eines beschleunigten Informationsbooms zuspitzt, nähert sich die Historie (als spezialisierte narrative Form, die in einem unendlichen Feld der Datenrückholung arbeitet) dem mathematisch Erhabenen von Kant, während die individuelle Erinnerung dem dynamisch Erhabenen nahekommt.

Aber indem die Bürde der Erinnerung schwerer wird, wächst auch die Versuchung einer selbstschützenden, ideologischen oder sogar orgiastischen Form des Vergessens. Was treibt all die einflussreichen Kunstbewegungen in der Malerei an (Suprematismus, Purismus, Abstrakter Expressionismus, Konstruktivismus, Minimalismus, Brutalismus, Action Painting, Konzeptkunst und Pop-Art), wenn nicht eine *bewusste* Form des Vergessens, eine Kultur der Auslassung oder selbst der Auslöschung?

Die Pop-Art scheint eine Ausnahme zu sein, denn sie widersetzt sich mit bewusst ikonoklastischem Genuss jedem Rahmen der Hochkultur. Aber zugleich verbündet sie sich mit dem Überfluss und der Zurschaustellung westlicher Schaffenskraft. Vergleichen wir zum Beispiel Errós *Foodscape* mit dem klassischen Stillleben. Die Pop-Art verwischt als Antikunst oft die Differenz zwischen Kunst und Leben oder fällt in eine simple Stilisierung zurück.

Ich leugne natürlich nicht, dass diese Bewegungen trotz ihrer Geste der Auslöschung zugleich andere Spuren zurücklassen. Es liegt eine starke, intellektuelle Herausforderung darin, wenn Stuart Davis, laut seinem Malerkollegen Arshile Gorky, uns anregt »eine kühle und vernünftige Welt, in der alle menschlichen Emotionen in rechteckigen Proportionen diszipliniert sind«, zu imaginieren. Die konstruktiven und abstrakten Methoden des Kubismus enthalten gleichfalls diesen *ésprit de géométrie*˙, verbunden mit einem *ésprit de finesse*˙. Und Action Painting, so das Argument von Harold Rosenberg, liefert keine direkte Nachahmung der Realität, sondern verwendet die Leinwand als wäre sie eine sensitive Tafel des mentalen Zustands des Künstlers, durch die er Hinweise auf seine Person, wer er ist oder sein könnte, erhält: »Für die Action Painter war die Leinwand keine Oberfläche, um ein Bild darzustellen, sondern ein ›Geist‹, durch den sie anhand von manuellen und mentalen Hypothesen Zeichen über ihre eigene Identität entdeckten.«[53]

Die Spannung zwischen Reduktion und Konstruktion (Abstraktion und Repräsentation) gilt für gegenständliche wie für nicht-gegenständliche Kunst. Andy Warhols Portraits, seine fixierten und fixierenden Ikonen und visuelles Serien-Gestotter, versuchen – veranlasst durch einen bildnerischen Skeptizismus – einer endlosen zeitlichen Fülle in der Form von Snapshots Ausdruck zu geben, die insbesondere an die kinematographische Photographie angelehnt sind. Die Dimension ›Zeit‹ kommt ins Spiel, um das Ideal der Zeitlosigkeit, die das klassische Portrait voraussetzt, herauszufordern. Demnach fällt es schwer festzustellen, welche Fülle gelöscht wird: die eines zeitgebundenen, sterblichen Lebens, oder eine ikonische, auf Dauer gestellte Gegenwart.

Die konstruktivistischen Auslassungen von Moshe Kupfermans Serie »The Rift in Time« aus dem Jahr 1999 haben eine andere Beziehung zur Zeitlichkeit. Obwohl der Holocaust mit diesem »Riss« zu tun hat, oder zumindest eine Referenz im Denken des Künstlers darstellt, schließt er eine bemerkenswerte Dynamik nicht aus. Kupfermans Bilder öffnen unseren Sinn für die Tatsache des Überlebens: Seine Kunst ist ein großzügiges, ja fröhliches Gegengewicht, ein Geflecht aus mutigen, sich überlagernden Pinselstrichen und -mustern. In ihrer spontanen und delikaten Schichtung verlieren Kupfermans Gemälde nie den Bezug zu ihrer handwerklichen Herkunft, zu ihrer Materialität, indem sie eine Textur oder Fläche

---

[53] Harold Rosenberg, *Arshile Gorky. The Man, The Times, The Idea*, New York 1962, S. 127 und S. 118.

herstellen. Der Maler, der vom Riss in der Zeit heimgesucht wird, reißt diesen nicht als Zeichen der Trauer weiter auf. Stattdessen arbeitet er im Raum, den dieser Riss eröffnet.

Trotz der überbordenden Fülle ist das kulturelle Gedächtnis offensichtlich mehr als ein vergrößertes Archiv oder Thesaurus. Unser historischer Blick in die Vergangenheit hat sich erweitert. Wir entdecken eine Fülle unterdrückter ›Erzählungen‹, die den Idealismus eines *best-of-the-West*' infrage stellen, samt dem Versuch, eine verbindliche Einheit in dem Chaos menschlicher Hoffnungen zu finden. Gibt es nach wie vor eine Möglichkeit, das Leid der Geschichte zu lindern, wenn man den Überhang all dessen, was ausgelöscht wurde, in den Blick nimmt und das damit einhergehende Schuldempfinden? Aber selbst diese Kulturschuld wird in der gegenwärtigen Kunstwelt oftmals zu einem Moment der Show. Sogar bedeutsame moralische und legale Fortschritte werden nach der ungeheuren Erschütterung des Holocaust von der Theatralität eines Zeitalters des Spektakels aufgesogen. »Das Simulakrum, das automatische Ritual, Heuchelei, Berechnung oder Nachahmung sind ein Teil und mischen sich selbst als Parasiten in diese Zeremonie der Schuldhaftigkeit.«[54]

***

Um erneut die Frage aufzunehmen, ob das Konzept des kulturellen Gedächtnisses Grund zur Hoffnung gibt, wende ich mich der Geschichtsschreibung zu. Einen Einsatzpunkt stellt Oswald Spengler dar. Sein *Untergang des Abendlandes* (1918–1922), das aus einer Ära stammt, die zum 1. Weltkrieg führt, liefert faszinierende Kommentare zum Import archaischer Kunst nach Europa, der zu Beginn des 20. Jahrhunderts zunimmt. Der raffinierte Exotismus eines älteren Japonismus wird beispielsweise durch Picassos Entdeckung von nicht-westlicher Kunst im *Musée de l'homme* um 1908 ergänzt. Spengler sieht in diesem Import nicht nur Zeichen der Dekadenz, sondern zugleich die einer notwendigen Re-Barbarisierung. Seiner Meinung nach ist die ›Kultur‹ zur ›Zivilisation‹ ver-

---

[54] Jacques Derrida, Gianni Vattimo, *On Cosmopolitanism and Forgiveness*, London 2001, S. 29.

kommen und muss mittels archaischer Energiequellen revitalisiert werden.[55]

Aber ich möchte mindestens eine Generation weiter springen, um die politische Vision Mircea Eliades zu kommentieren. Eliades anerkannte amerikanische Karriere als Denker über mythologische und religiöse Praktiken folgt auf eine frühe Phase faschistischer Kulturpolitik. 1939 schrieb Eliade, noch in Rumänien, von der leidenschaftlichen Sehnsucht der damaligen Eliten

> nach einer Urgeschichte der Rassen, Religionen, Mythologien und Symbole [...]. Die Tradition wird nicht im Mittelalter gesucht, sondern in den Ursprüngen der Rasse, in den Anfängen der Nationen [...]. Die Vergangenheit wird wertgeschätzt, weil sie sowohl die Geschichte als auch deren Ursprünge enthält [...]. Die Urgeschichte garantiert unsere Gleichstellung mit den Deutschen und den Römern.[56]

In diesem Zitat äußert sich ein antihistorisches Argument, das den zeitlosen völkischen Charakter des rumänischen Christentums stützt. In seiner späteren, stärker wissenschaftlich ausgerichteten Karriere modifiziert Eliade dieses Argument und behält es zugleich bei, wenn er die Religion dafür lobt, dass sie trotz ihrer apokalyptischen Tendenz zur Urgeschichte und Zeitlosigkeit ein ungewöhnliches Maß an historischer Kontingenz toleriere. Religiöse Feste und Fastenzeiten haben immer, so Eliades Argument, in einer Beziehung zu Cargokulten gestanden, die regelmäßig allen Besitz und alle Verpflichtungen ›über Bord‹ werfen. Die historische Last, die auf dem Gedächtnis ruht und dieses einschränkt, löst einen Entlastungsreflex aus und lässt das Gespenst des Nihilismus aufsteigen.

Im scharfen Kontrast zu Eliades komplizenhaftem Verständnis einer messianischen Kulturpolitik (die er in der Folge seiner Übersiedlung nach Amerika entpolitisierte) steht die Studie *Europäische*

---

[55] Oswald Spengler, *Der Untergang des Abendlandes. Umrisse einer Morphologie der Weltgeschichte*, München [16]2003.

[56] Zitiert nach Adriana Berger, »Mircea Eliade: Romanian Fascism and the History of Religion in the United States«, in: Nancy A. Harrowitz (Hg.), *Tainted Greatness. Antisemitism and Cultural Heroes*, Philadelphia 1994, S. 54.

Literatur und lateinisches Mittelalter von E.R. Curtius, die sich einen solchen Rückgriff auf spekulative oder fiktive Ursprünge nicht erlaubt. Die Arbeit am Buch begann 1933, als die Nazis an die Macht kamen, 1948 wurde es publiziert. Curtius' Interesse am lateinischen Erbe ist weniger Ausdruck einer inneren Emigration während der Naziherrschaft, als vielmehr die engagierte Stellungnahme eines Wissenschaftlers gegen Mythen nordischer Ursprünge und einen arischen Genius, in dessen Namen die Nationalsozialisten den Kanon nach 1933 säuberten. Curtius zeigt, wie essenziell Goethes virtuose Übertragung klassischer Formen (nicht nur seine jugendliche Schwärmerei über die nordische Folklore) für die Entwicklung moderner literarischer Leistungen war. Diese Formen besitzen – wie gleichzeitig seine deutschen Zeitgenossen Aby Warburg, Erwin Panofsky und Ernst Cassirer erkannten – eine architektonische Strenge und »mnemische Energie«, die sich in einer nicht-mystischen Form über die Zeit hinweg erhält. Durch ihre feste und wieder erkennbare Gestalt eignen sie sich für intertextuelle und historische Anspielungen und werden zu Bausteinen, die die Kontinuität nachfolgender Kunst garantieren.

Auch heute sind wir trotz der Erfahrungen des Faschismus nicht gegen den Teufelskreis von kultureller Bewahrung und kultischer Reinigung immunisiert. Der Dichter Charles Olson hat einmal in der mythischen Pose des ›amerikanischen Adam‹ (der keine historische Vergangenheit anerkennt), den gewichtigen westlichen Kanon, den Curtius in seinem Eröffnungskapitel zur europäischen Literatur aufruft, als »ein großes Scheißen vom Himmel«[57] apostrophiert.

Einen entscheidenden Strukturwandel erlebte das kulturelle Gedächtnis in seiner neuen Allianz mit einer demokratischen Verfassung und einer Genie-Theorie, die jeder Person oder Epoche einen quasi-göttlichen Funken zuspricht. Mit dieser neuen Perspektive widmet sich die Geschichtsschreibung, die sich zuvor auf heroische oder ereignisreiche Momente konzentriert hatte, nun zunehmend den gewöhnlichen Selbstdarstellungen des Alltagslebens. Das Ergebnis ist eine anregende, populistische Norm der Integration. Dies wirft jedoch die Frage nach einer relativistischen Werteordnung und nationaler Desintegration auf. Eine reaktionäre

---

[57] Charles Olson, »Ernst Robert Curtius«, in: ders., *The Human Universe and Other Essays*, hg. von Donald Allen, New York 1967, S. 155–159.

Kulturpolitik mag demnach versuchen, die Vergangenheit erneut zu vereinfachen und die Pluralität einmal mehr durch einen moralischen, selbstvergewissernden Rückblick auf ein ursprünglich gesundes Zeitalter und Volk einzuschränken. Bereits zwei Jahrhunderte der Theoriebildung haben sich an dem Problem abgearbeitet, diesen Engpass zwischen Einheit und Vielfalt in eine historische Dialektik zu überführen, die es dem kritischen Beobachter erlaubt, einen sicheren Stand auf den flüssigen Fundamenten der Moderne zu gewinnen.

***

Geschichte wird geschrieben, um sich einer Theorie des Wandels zu versichern und damit Veränderungsprozesse zu steuern oder zumindest deren Beschleunigung zu bremsen. Aber die Geschichtsschreibung ist selbst einem Verfallsprozess unterworfen. Unser Wunsch nach Wahrheit oder zumindest nach einem Konsens sieht sich fortwährend mit sozialen und kulturellen Veränderungen konfrontiert. Wie entsorgt man den Abfall? »Der Abfall bleibt, der Abfall bleibt und tötet«,[58] so lauten die bitteren und eingängigen Worte von William Empson.

Archie Ammons hat ein umfangreiches Gedicht mit dem Titel »Müll« (»Garbage«) geschrieben. In Don DeLillos Roman *Underworld* (dt. Titel *Unterwelt*) – offensichtlich eine lange Fortsetzung von Thomas Pynchons *The Crying of Lot 49* (dt. Titel *Die Versteigerung von No. 49*) – existieren Bilder, Impulse, Episoden, Wörter, die, selbst wenn man sie aufgrund ihrer Überschwänglichkeit oder Inkonsequenz genießt, von Anfang an als Abfallprodukte mit Verfallsdatum existieren. Diese Produkte deuten auf eine vergängliche Welt innerhalb der Welt, die sie zu begraben droht. Alle Menschen werden unwillkürlich zu Müllverwaltern. Die Psychopathologie des Alltaglebens in einer Konsumkultur führt zu eigenartigen Visionen. »Marian und ich betrachteten Produkte schon als Abfall, wenn sie noch glänzend in den Ladenregalen lagen, noch ungekauft. Wir sagten nicht, Was für einen Auflauf wird das wohl ergeben?, sondern, Was für einen Abfall wird das wohl ergeben?«[59] Ein

---

[58] William Empson, »Missing dates«, in: ders., *Complete Poems of William Empson*, hg. von John Haffenden, New York 2000, S. 79.
[59] Don DeLillo, *Unterwelt*, übers. von Frank Heibert, Köln 1998, S. 144.

deutscher Kulturkritiker hat treffend von unserer Kultur als Wegwerfgesellschaft gesprochen.

Veränderungen treten aber auch aufgrund eines entgegengesetzten, wenn auch streng verwandten Motivs ein: das zu retten, was eine bestimmte Zeit als unbedeutend oder gefährlich ausgeschieden hat. Die Last dieser Aufgabe sollte nicht unterschätzt werden. Valéry hat die Moderne als ›universale Ausstellung‹ definiert, die in einem einzelnen Panorama alle intellektuellen Güter der Vergangenheit und Gegenwart nebeneinander stellt. Er verwies auf die Praxis der Weltausstellung, die vorgab, die Vielfalt und Heterogenität unterschiedlicher Kulturgüter zu tolerieren. Er sah in dieser Egalisierung aller Werte nicht nur einen Gewinn, sondern auch einen Verlust. Jules Michelet, ein anderer großer französischer Denker, hat dieses Phänomen mit mehr Begeisterung beschrieben. Der Historiker, so seine Formulierung, lässt die Toten wieder auferstehen.

Heutzutage fordern uns das Marginale, das Fremdartige und selbst die Trödelandenken als Alchemisten der Sinngebung heraus, die alles in Gold verwandeln können. Das Ethos der kulturellen Aufwertung, das unser heutiges demokratisches Denken bestimmt, hat aber eine unbeabsichtigte Konsequenz. Einerseits füllen unsere Sammler die Museen mit ›Euro-Trash‹, ›arte povero‹ oder anderem fragwürdigen ›Müll‹. Die Feier des kreativen Genius menschlichen Schaffens durch die Zusammenführung von westlicher und nichtwestlicher (einst sogenannter ›primitiver‹) Kunst vollendet Malraux' heroisches »Museum ohne Wände«. Andererseits provoziert dieser Wille, unterdrückte Stimmen anzuerkennen und fremdartiges Material aufzuwerten, neue politische Säuberungen, die auf Wiederherstellung einer reineren Identität drängen. Gerade liberale oder multikulturelle Formen der Aufwertung, die die Differenz privilegieren und eine Heterotopie anstreben,[60] gehen mit dieser gefährlich reaktionären politischen Kehrseite einher.

***

---

[60] Gianni Vattimo hat dieses Konzept der Heterotopie in zahlreichen Publikationen propagiert, mit der Behauptung, es sei »das einzige Wert-Kriterium, das derzeit gültig ist […].«

Ich komme zu einem verwandten Thema zurück. Woher rührt es, dass alles, was sich dem Spektakel unterordnet, schädlich sein soll? Regiert nicht anstelle der Unterdrückung nun die Sublimation? Der französische Dramatiker Jean Giraudoux pries das Theater als einen »leuchtenden Beichtstuhl« für alle Freuden und Leiden. Dramatiker und Schauspieler nutzen ihre latente multiple Persönlichkeitsstörung als theatralische und einfühlende Gabe, die sie zum Ausdruck bringen. Die uneingestandene Rolle von Fiktionen im täglichen und politischen Leben wird derart zugänglich.

Seit den Romantikern setzt sich zudem eine volkstümliche Energie durch, die sich als revitalisierendes, progressives Prinzip ausgibt. Wir sollen die Hand des Künstlers fühlen, seine orchestrierte Spontaneität, die (manchmal kritzelige, zerkratzte) Frische von jedem Bild oder improvisierten Ton. Die Motive speisen sich aus einer ländlichen Idylle oder kommen von der Straße, nicht aus pompösen Erzählungen der Geschichte und dem, was Lyotard *grands récits* genannt hat. Oder es geht wie bei Cézanne um eine direkte, visuelle Wahrnehmung der Natur, eine Wahrnehmung die stets aufs Neue besiegt wird und aus dieser Niederlage doch einen ›Mont Saint-Victoire‹ entstehen lässt. Die Linie vom Impressionismus zum Kubismus zeigt, dass ein moderner Klassizismus nach wie vor möglich ist, trotz des Verlusts von Totalität und der Aufwertung von Fragmentierung und Perspektivismus. Man müsste ein Malvolio sein, um sich nicht über diese junge Explosion der Kunst zu freuen.

Der Versuch, an einer Authentizität festzuhalten, die vielleicht nur ein Ideal darstellt, könnte in diesem Zusammenhang als antitheatralisches Vorurteil ausgelegt werden. Dieser Vorwurf wurde auch von Emmanuel Levinas erhoben. »Sind wir auf einer Bühne oder sind wir in der Welt?« fragt Levinas. Er klagt über eine Kunst, die »unsere Gesten verhext« und die sich gegen uns verschwört, indem sie »sich unabhängig von uns ereignet«.[61] Er geht davon aus,

---

[61] Emmanuel Levinas, »Personnes ou Figures«, in: ders., *Difficile liberté. Essai sur le judaïsme*, Paris 1963/1976, S. 170–174, hier: S. 173 f. Vgl. in diesem Zusammenhang ferner Jill Robbins, *Altered Readings: Levinas and Literature*, Chicago 1999, S. 47–54. Während Robert Jay Lifton (*Boundaries: Psychological Man in Revolution*, New York 1970) diese fragmentierte Identität und das proteische Rollenspiel in einen spezifisch modernen – revolutionären und multikulturellen – Kontext stellt, dokumentiert Jonas Barish

dass diese Form des Spiels sich nicht mit persönlicher Freiheit verträgt, sondern Zwang und Knechtschaft anzeigt. Da die menschliche Empathie begrenzt ist, ist das moralische Empfinden schnell überfordert und versucht daher einen ästhetischen Fluchtweg einzuschlagen. Die Demarkationslinie zwischen Bild (*Simulakrum*) und Realität verwischt sich im Zeitalter der Reproduktionstechnologie; trotz eines stets wachsenden Wunsches nach Realismus scheitert die Referenzialität mit einer Konsequenz, die der französische Sozialhistoriker Henri Lefebvre beschrieben hat: »Aus den falschen Abgründen, den Löchern [...] des Alltäglichen [...], steigt der Schrei der Einsamkeit hoch. Unmögliche Einsamkeit: in der unaufhörlichen Kommunikation, in der Informationslawine.«[62]

Kann die Kunstkritik in dieser Situation überhaupt noch Einfluss ausüben und erneut Türen der Wahrnehmung öffnen, anstatt steriles Pathos zu erregen? Eine instabile und quasi-unendliche Vielfalt tendiert nur dazu, den Geist zu ermüden. Die Möglichkeit einer Unterscheidung zwischen kulturellen und nicht-kulturellen Phänomenen sowie Kunst und Unterhaltung wird untergraben. Die wachsende Indifferenz, die Adorno und die Kritische Theorie an der amerikanischen Massenkultur beklagt haben, ist heute das Gesetz der Stunde, zumindest im Westen.

Zugleich muss jedoch zugestanden werden, dass trotz der Vorsicht Vieler in meiner Generation gegenüber hysterischen Massenbewegungen – eine Vorsicht, die sich aus der Erfahrung des Totalitarismus erklärt –, insbesondere die Popmusik einen quasi-religiösen Effekt erzeugt und Menschen in Zeiten großer Spannungen zusammenführt. In der post-9/11-Veranstaltung »A Prayer for New York« am 23. September 2001, die im Yankee Stadium stattfand, entfalteten Sängerinnen wie Bette Midler die größte und emotionalste Wirkung.

Der Einwand gegen die Popkultur ist demnach nicht, dass sie von den Massen ausgeht, sondern dass sie, was immer ihre energetische, lebensweltliche Quelle sein mag, eine Passivität des reinen

---

(*The Antitheatrical Prejudice*, Berkeley 1981) eine lange Tradition des antitheatralischen Verdachts, der das Theater beschuldigt, sowohl die soziale als auch die personale Integrität zu unterminieren.

62 Henry Lefebvre, *Das Alltagsleben in der modernen Welt*, übers. von Annegret Dumasy, Frankfurt am Main 1972, S. 174 f.

Konsums oder ekstatische Nachahmung propagiert. In dieser Hinsicht ist sie nicht besser als die snobistisch verehrten Ikonen der Hochkultur. Einmal mehr stellt sich die Frage, wie sich eine gemeinsame Basis für die Kulturkritik finden lässt, in der Hoffnung, dass sie die Freude, die wir in der Kunst finden, nicht mindert, sondern einen aktiven, kritisch differenzierenden Genuss schafft.

***

Kehren wir zu der Unterscheidung zwischen kulturellem und öffentlichem Gedächtnis zurück. Wir können noch einen weiteren Grund anführen, warum das kulturelle Gedächtnis dem passiveren öffentlichen Gedächtnis überlegen ist. Das kulturelle Gedächtnis wird ständig neu konzeptualisiert. Weil es eine pluralistische Einheit anstrebt, reflektiert es sich in einem andauernden, dynamischen Prozess. Die Dynamik des öffentlichen Gedächtnisses wird hingegen von verkauften Medien und kurzfristigen Bildimpulsen gesteuert. Es bleibt unklar, welche Inhalte die Medien bevorzugen, abgesehen von Nachrichten rund um die Uhr und parteiideologischen Interessen.

Selbst manche der besten Sender tendieren dazu, alle Meinungen im Namen der ›Balance‹ zu nivellieren, indem sie Reihen von ›Experten‹ oder ›Gelehrten‹ aufmarschieren lassen. Das Resultat ist Verwirrung und Unbestimmtheit – ein hoher oder niederer Grad der Verunsicherung. Man kann die Kritik mit solchen gespaltenen Zungen nicht schärfen, obwohl uns der Hype des Fernsehevangelismus sporadisch an die Interventionen von Propheten erinnert. Abgesehen von einem lauten, rechtslastigen Establishment, sind die Medien zunehmend von kommerziellen Interessen dominiert, so dass es an jeder begründeten Sorge über eine Vermittlung von Werten mangelt.

›Hollywood‹ und seine Celebrity-Kultur tragen zu dieser Sorglosigkeit bei. Es entsteht ein Paralleluniversum: Wir können unsere Zuflucht zu Simulakren nehmen, wenn unsere Identität gefährdet wird. Die Moralität, darauf verweist Levinas, wird in dieser Situation zu einem Rollenspiel. Elvis Presley-Imitatoren und Madonna-Kopien proliferieren. Man kann sich jederzeit im Image der ›Stars‹, wie sie täglich in Biographieserien portraitiert werden, spiegeln und sogar neu erschaffen. Wenn die Unsterblichkeit als eine glaubwürdige Hoffnung schwindet, stellen die Stars einen Ersatzhimmel bereit.

Zudem machen Realityshows, die in die Privatsphäre unserer gewöhnlichen Haushalte eindringen, aus jedem eine Berühmtheit, der sich der mitleidlosen Linse von Webcams aussetzt. Der Nicht-Schauspieler, in der Falle des Schauspiels, wird zu einem flexiblen, beliebigen Fetisch mit einem vorherbestimmten Platz im demokratischen Museum oder »Menschenpark«[63]. Heute wird diesem Persona-Transvestismus mit der gleichen (belustigenden) Toleranz begegnet wie einem Modestatement.

Diese vollkommene Sorglosigkeit ist das Gegenteil von einem sporadischen Unbehagen über Leitwerte oder die Fähigkeit von Familien und Schulen, diese zu vermitteln. Die pädagogischen Probleme, die noch lange nicht beigelegt sind, suchen das Erziehungswesen regelmäßig heim. Hinzu kommen Probleme der politischen Korrektheit. In vielen Ländern hat sich ein neuer und gelassener Umgang mit dem öffentlichen Gedächtnis noch nicht vollzogen und so können wir deutlich die Angst sehen, die mit diesem Wandlungsprozess einhergeht. Wenn wir an Deutschland und seine Auseinandersetzung mit dem Holocaust denken, an Frankreich und das Vichy Régime, Russland und den Stalinismus, oder auch an andere Länder mit einer rassistischen Vergangenheit, dann sehen wir, wie lange die Erinnerungsprozesse andauern und wie viel dabei jedes Mal auf dem Spiel steht.

***

Die Aufgabe der Kunstkritik wird ferner dadurch erschwert, dass die starke Zirkulation und Reproduktion der Kunst sich nicht unbedingt ihrer größeren Verständlichkeit verdankt, sondern ihres Ausstellungs- und Marktwertes. Wenn die Druckpresse das Buch verfügbar und billig gemacht hat, dann hat der photoelektronische Prozess die Malerei (paradoxerweise) verfügbar und doch teuer gemacht. Denn umso mehr Kopien es gibt, desto mehr schaut der Kulturkapitalist nach dem Original, wie der Philatelist, der für teures Geld den einzigartigen Fehldruck einer Briefmarke erwirbt.

---

[63] Vgl. Peter Sloterdijk, *Regeln für den Menschenpark*, Frankfurt am Main 1999.

In der Bewertung von Gemälden hat sich eine folgenreiche Verschiebung vollzogen. Während sie einst aufgrund ihres Themas oder ihres wiedererkennbaren mythisch-historischen Kontexts geschätzt wurden, achten wir sie heute aufgrund ihrer absoluten Originalität. Das Echtheitsmerkmal, die Spur der Hand des Künstlers (*touche* oder *tâche*), oder eine andere inner-künstliche, unfälschbare Signatur, ist zum zentralen Wert und Bedeutungsmoment geworden. Thomas Bewick, ein Graveur des frühen 19. Jahrhunderts, benutzte den Abdruck seines Daumens als Signatur auf einem seiner Werke. Roy Lichtenstein schafft mit dem flexiblen Duktus eines Pinselstrichs sowohl das Portrait als auch den Abdruck eines materiellen Signifikats. Das Bildermachen führt in dieser Situation oft zurück zu archaischen Inskriptionen oder Graffiti, einer emphatischen Form des ›Manu-scripts‹.

Indem Bilder ferner die begrenzte rechteckige Fläche überschreiten, stilisieren sie die *Idee* einer Schichtung, die die Materialität aus der Bildfläche hervortreten lässt. Die Materialität des Bildgrunds durchstößt die Bildfläche oder produziert vergleichbare Effekte vermittels einer multimedialen Projektion, die innerhalb des flachen Bildträgers angelegt ist. Francis Bacons Verzerrungen oder Lucien Freuds übertriebener fleischlicher Realismus vergewaltigen gleichermaßen die Flächigkeit der Bilder. In diametralem Gegensatz dazu kann die Kunst auch bewusst und ungeniert eine dreidimensionale Perspektive aufgeben, um auf einer lithographischen, posterartigen Oberfläche (einem Farbfeld) zu insistieren; zudem kann sie sich selbst ›rahmen‹, indem sie die ›Bildoberfläche‹ dazu verwendet, das Motiv vermittels ungewöhnlicher Winkel zu beschneiden oder zu fragmentieren. Auf diese Weise signalisiert das Bild offenkundig seine nicht-gefälschte aber doch künstliche Beziehung zur Welt. Eine irritierende abstrakte Materialität ist geboren.

***

Ist diese Materialität sowohl spirituell als auch abstrakt? Stellt der Maler mit dem nackten Körper der Moderne, der kubisch oder auf andere Art zerteilt ist, oder dessen Haut schrille statt besänftigende Farben ausschwitzt, die Materialität der Körperlichkeit stolz aus, oder verfremdet er sie so effektvoll wie in einer mittelalterlichen Stilisierung? Das zeitgenössische demokratische Museum arbeitet gegen die Möglichkeiten, in dieser Sache ein Urteil zu fällen.

Curtius beklagte sich vor über 60 Jahren in seinem Vorwort zu *Europäische Literatur und lateinisches Mittelalter*, dass größere Fortschritte mit der Modernisierung der Eisenbahn gemacht wurden, als mit einem System, das die Weitergabe der Tradition regelt. Er dachte an philologische und literarische Studien, aber sein Kommentar kann ebenso gut auf Kunst und Museen ausgedehnt werden. Die veränderte Einstellung gegenüber der Tradition lässt sich durch eine Malerei aus dem fernen Osten verdeutlichen, die den Akt des (Ab-)Schreibens darstellt. Sie zeigt die Figur eines stattlichen Gelehrten, der eine Feder wie einen zusätzlichen, verlängerten Finger führt, deren Schlankheit in lebhaftem Kontrast zur Masse seines Körpers steht. Er kopiert *Das Buch der Dokumente*.[64] Die Ordnung-in-der-Unordnung des Museums, das geplante Chaos, das wir eine Ausstellung nennen, fördert kaum diese Form der langsamen, schrittweisen Vorgehensweise, die das Verständnis für einen solchen Akt der Übertragung als *traditio* entstehen lässt. Der Raum, der für den Rückzug und die Reflexion notwendig ist – und der in einem Verhältnis zu Maurice Blanchots »espace littéraire« steht –, ist heutzutage schwerer denn je zu erreichen, obwohl die Innenräume der Museen architektonisch grandios ausgebaut werden.

Man denke allein an die veränderte Aura des Wortes ›espace‹ in Frankreich. Sein gegenwärtiger Gebrauch deutet auf etwas hin, das dermaßen kostbar ist, dass der Ausstellungswert dessen, was in diesem Raum gezeigt wird, seinen Gebrauchswert übersteigt. Die Ware verwandelt sich in einen Fetisch, das den Besitzerinstinkt eher weckt, anstatt ihm zu genügen. Um die ausgestellten Kunstwerke oder Luxusgüter fließt der Raum; er streichelt sie, liebkost sie, wie die Kamera das Supermodel.

Prinzipiell sollte die Freude am Museum alles, was es ausstellt, aufwerten. Oft verhält es sich aber so: Wie bei aller guten Architektur verspüren wir in einer solchen Räumlichkeit eine physische Leichtigkeit – eine äußerst tragbare Leichtigkeit des Seins. Dies geht jedoch soweit, dass wir uns am Raum mehr erfreuen als an

---

[64] Der Titel des Bildes lautet: »The Scholar Fu Sheng Transmitting the Book of Documents« von Du Jin, Chinese (Ming Dynastie), um 1465–1509 (Tusche und Farbe auf Seide; Metropolitan Museum of Art). Es zeigt das Detail einer hängenden Schriftrolle; ein delikates Reproduktionsinstrument bildet den »sechsten Finger« der Hand des Schriftgelehrten.

seinem Inhalt (was vielleicht auch daran liegt, dass wir die ganze Vielfalt der Ausstellungsobjekte mental nicht aufnehmen können).

Gibt es Ausstellungsbedingungen, die uns dabei helfen, den Anspruch zu verstehen, der von all diesen opaken Gegenständen ausgeht? Objekte, die auf ihrer Dinghaftigkeit insistieren, auf ihrer materiellen Präsenz, selbst wenn sie aus nahezu nichts gemacht sind? Oder müssen wir uns aus dem vollen Raum der Bilder in einen leeren zurückziehen, wo wir bis auf einen Schreibtisch und eine (antiquierte) Schreibmaschine nichts vorfinden? Ein Raum, wo die Interpretation, diese noch immer nicht vollständig anerkannte Kunst, all die überwältigenden Trophäen der menschlichen Kreativität – diese »Galaxie der Signifikanten« (Roland Barthes) – bewerten und auswählen kann, um sich so auf sie zu konzentrieren und sie neu anzuordnen. Und warum erscheint solch ein kontemplativer Rückzug wie Flucht oder Absage?

Es lässt sich argumentieren, dass die abstrakte Kunst einen solchen Rückzug vorweggenommen hat. Mit Kline, Rothko oder Motherwell vollzieht sich die endgültige Evakuation eines Inhalts; angefangen von den späten Leinwänden Cézannes hin zum Kubismus, Konstruktivismus, den analytisch-puristischen Transformationen von Maschinen bei Léger und organischen Formen bei Miró; ebenso Matisses Scherenschnitte und Hieroglyphen in der Rosenkranzkappelle in Vence, die Kunst des abstrakten Expressionismus, die wunderbaren Abbreviationen Klees und nicht zuletzt das Tafelgekritzel von Twombly – sie alle scheinen eine geistige Materie geschaffen zu haben, eine Verschmelzung von Geist und Materie. Eine visuelle Musik ergreift hier Regie und besiegt das materielle Zeichen. Aber die interpretatorischen Montagen des Kritikers, der mit einer Überfülle kämpft, sind nicht nur spekulative Fugen, sondern tatsächliche Narrative. Sie versuchen das Rätsel zu erforschen und zu verstehen, warum wir heutzutage Werken mit keinem evidenten Inhalt einen so hohen Wert – der den kommerziellen mit einschließt – zuschreiben. Während der Versuch der Kunst, sich aus sich selbst einen Sinn zuzusprechen, fortdauert, widersetzen sich diese Ikonen spiritueller Materialität den gängigen hermeneutischen Modellen.

***

Vielleicht liegt das Problem im Wissensdrang selbst, mit dem wir auch das Verstehen zu verstehen suchen. Diesem Drang kann man sich scheinbar ebenso wenig entziehen wie dem der Erotik.

Unter den französischen Autoren ist es der zurückgezogene und hermetische Blanchot, dessen Konzeption des ›literarischen Raums‹ diesem Trend der deutenden Vereinnahmung widersteht. Er hat selbst die Verführung des Faschismus und den Kult eines massenpolitischen Spektakels erlebt. Später wehrte er sich dagegen, das Sprachliche in der Erscheinung, den Buchstaben im Bild aufgehen zu lassen. Seine Theorie des Unpersönlichen, die er mit der Radikalität eines Mallarmé entwickelte, verschärfte zugleich das Paradox, indem die vom Werk selbst produzierte Eigenheit zugleich wieder in diesem verschwinden soll. Aber es ist bedeutsam, dass er dieses *Paradox des Schriftstellers* auch in Form eines älteren *Paradox des Schauspielers* formulierte. Der Autor, so Blanchot, lebt nicht freier als der Schauspieler, »diese flüchtige Figur, die jeden Abend geboren wird, nur um wieder zu sterben, indem sie sich exzessiv zur Schau stellt, ein Spektakel, das sie tötet«.[65] Diese Formulierung mutet merkwürdig an, denn sie klingt wie ein Plädoyer für einen Rückzug, ja für eine Verleugnung des Selbst, anstelle eines modischen *self-fashioning*. Blanchot würdigt hier jedoch die bloße Geste des Widerstands. Was der Historiker Martin Jay den »gesenkten Blick« im französischen, modernistischen Denken genannt hat, veranlasst Blanchot zu betonen, dass »sprechen nicht gleich sehen ist«, und dass der Autor keine Geheimnisse hat, keine Intimität, in die er sich flüchten könnte. Alle Arbeit am *Werk* (œuvre) dient lediglich dazu, das Bewusstsein des Autors über seine eigene *Auflösung im Werk* (désœuvrement) voranzutreiben. Es gibt keine Karriere, kein persönliches Vermächtnis, nur die Bewegung eines »unendlichen Gesprächs«.

Ich habe vorgeschlagen, bestimmte Strömungen des 20. Jahrhunderts – wie die Konkrete Kunst, den Minimalismus oder die nicht-gegenständliche Malerei, Giacomettis verschwindende Figuren und selbst Oldenburgs massive, anti-monumentale Monumente – durch die Brille Blanchots zu sehen. Aber diese Perspektive ist ambivalent im Hinblick auf den Konflikt zwischen dem visuellen Begehren und der asketischen Verleugnung des Blicks.

---

[65] Maurice Blanchot, *Après coup, précédé par Le ressassement eternel*, Paris 1983, S. 86.

Laut Blanchot ist der »Blick des Orpheus« der Moment, in dem der Künstler schaut, genauer: zurückschaut, während er Eurydike zum Licht der Welt hinaufführt. Dieser Blick ist zugleich der Fluchtpunkt, an dem sie verschwindet. Ihr Verlust erscheint nicht nur fatal, sondern schicksalhaft: Er offenbart, dass der Künstler sich von seinem Wunsch, die Erscheinung in Besitz zu nehmen, nicht befreien kann. Wir lechzen weiterhin nach einer getreuen, visuellen Vision, trotz der Dezentralisierung des Blicks.

***

Wir kommen zum letzten Schritt innerhalb dieser Argumentation, der nach den Möglichkeiten der ästhetischen Kritik im Zeitalter der spektakelhaften Unterhaltung fragt. Diese Unterhaltung, so meine These, wird vom demokratischen Glauben gestützt, dass in allem, was Popularität erreicht, der Funke eines kulturellen Werts liegt. Aber wenn solche Produkte von dokumentarischem Wert sind, dann finden wir uns zurückversetzt in die frühe Moderne, das Zeitalter der Virtuosen mit ihren Kabinettshows und Kuriositäten. Nur dass man jetzt jedes Werk, sei es die »Mona Lisa« oder sei es das ausgestellte, dekontextualisierte Urinal, mit einem »LOOKH« versehen kann (ein bekanntes Logo des modernistischen Malers Marcel Duchamp). Jedes Phänomen, nicht nur das Phänomenale (das zweiköpfige Kalb), kann gerahmt und als Kunst nach der *façon* von Picassos »Vénus de Gaz« ausgestellt werden.

Die parodistische Intention, sowohl das Erhabene der Götter als auch das der Kunst zu entweihen, überwindet jedoch nicht die Unterscheidung zwischen heilig und profan. Vielmehr verstärkt sie diesen Gegensatz und betont weiterhin die sich immer wieder verlagernde Demarkationslinie. In Malraux' Theorie sowie in Picassos Praxis rettet die Kunst das Heilige und gibt ihr eine absolut menschliche Form – sei sie horrend oder humoresk, klassisch oder clownesk. Aber die Tendenz alles wertzuschätzen, was wir schützen oder retten wollen, insbesondere im Widerstreit mit dem Nationalsozialismus und seiner Doktrin des ›unwerten Lebens‹, etabliert sowohl ein triviales als auch ein nicht-triviales Recht auf Leben, womit sich unsere *surnomie*˙ vertieft – *surnomie* nenne ich einen Überschuss an Normen, die die Vereinheitlichung des Wissens, und die Möglichkeit dogmatisch die eigene Kultur zu rechtfertigen, unmöglich machen.

Es hat mindestens einen mutigen Versuch in der politischen Theorie gegeben, der diese demokratische ›culture of everything‹ in eine sichtbare, produktive öffentliche Sphäre überführt. Dieser Ansatz differenziert zwischen einer anti-faschistisch spektakulären und einer demokratischen Konzeption der Politik. Die letztere fördert einen öffentlichen Wettbewerb und ›attestierte‹ Maßstäbe (wie es in den Experimentalwissenschaften heißt).[66] Hier gibt es keinen Ersatz für die öffentliche Diskussion, und daher auch nicht für die Ausstellungspraxis, selbst wenn wir einen qualitativen Konsens erzielen, dass einige Kunstwerke keine sind, und einige von höherem Wert als andere. Zudem greife ich die Einsicht von Hannah Arendt auf, dass Kant in seiner *Kritik der Urteilskraft* darauf zielte, den Geschmack in die öffentliche und politische Sphäre einzuführen, da er von der Wichtigkeit der Imagination für eine engagierte Diskussion unterschiedlicher Positionen in einer pluralistischen Gesellschaft überzeugt war.[67]

Aber wenn man diese Verbindung zwischen ästhetischer Erfahrung und ästhetischem Urteil wiederherstellen will, ist ein Verständnis davon notwendig, warum die Kunst parodistisch wurde, nicht nur im Vergleich zu früherer Kunst (was schon immer der Fall war, sobald wir Parodie als Form eines ernsthaften und nicht nur abschätzigen Engagements betrachten), sondern auch in Bezug zu ihrem jeweiligen sozialen und kulturellen Milieu. Wie Adorno wiederholt betonte, kann die Kritik der Gesellschaft, einschließlich ihrer kulturellen Güter, nicht über dieser stehen, indem sie eine besondere Vornehmheit˙ für sich beansprucht. Wie die Künstler können auch die Kritiker mit der sozialen Realität nur in einer homöopathischen Form interagieren. Eine Vision kann durch einen mimetischen, Brecht-ähnlichen Verfremdungseffekt oder durch eine assoziative Technik, die die Erinnerung an frühere Kunst wieder wachruft, kommuniziert werden, aber niemals durch totale Abstraktion.

Derrida war sich dieser »pharmazeutischen« Dimension der Sozialkritik vielleicht noch deutlicher bewusst als Adorno. Das *pharmakon* ist zugleich Gift und Gegengift. In seinem Buch über

---

[66] Yaron Ezrahi, *The Descent of Icarus: Science and the Transformation of Contemporary Democracy*, Cambridge 1990, S. 94.
[67] Hannah Arendt, *Das Urteilen. Texte zu Kants politischer Philosophie*, übers. von Ursula Ludz, München 1985.

Heidegger führt er die verschiedenen Typen des nationalistischen Diskurses in den 20er und 30er Jahren an und bemerkt in diesem Kontext:

> Die Alternativen, die das Programm zur Wahl stellt, sind alle auf erschreckende Weise unrein, kontaminiert. Selbst wenn es verschiedene Arten und Weisen gibt, wie man zum Komplizen wird, selbst wenn sie nicht alle denselben Stellenwert haben, so handelt es sich doch um Formen der Teilhabe, die man nicht hintergehen kann, die *irreduktibel* sind.[68]

Zudem verwendet er den Begriff *paléonomie*, um die parasitäre Verfassung von diskursivem und fiktionalem Schreiben zu betonen. Die Unordnung-in-der-Ordnung der Kunst verweist auf keine »Inkohärenz der Sprache oder einen Widerspruch im System«, sondern erwächst vielmehr aus einer »Notwendigkeit: in der überlieferten Begrifflichkeit sich einrichten zu müssen, um sie destruieren zu können«.[69]

***

Ich schließe mit folgendem Gedanken: Das Theater des Sichtbaren musste selbst in einer Zeit, als die Malerei und Bildhauerei noch nicht in dem Maße performative Künste waren wie heute, immer sein eigenes Antidot vermittels einer ikonoklastischen *via negativa* finden. Im Zeitalter des Spektakels versuchen Rückzug (*retrait*) und Selbstdarstellung (*portrait*) eine neue Allianz einzugehen. In einigen vergrößerten Schwarz-Weiß-Photographien zeigen stillgestellte menschliche Gesichter einen Abdruck des Alters in der Tex-

---

[68] Jacques Derrida, *Vom Geist: Heidegger und die Frage*, übers. von Alexander García Düttmann, Frankfurt am Main 2000, S. 49.

[69] Jacques Derrida, »Gewalt und Metaphysik. Essay über das Denken Emmanuel Levinas«, in: ders., *Schrift und Differenz*, übers. von Rudolph Gasché, Frankfurt am Main 1976, S. 121–235, hier S. 170. Die gleiche Haltung äußert Roberto Pinto in einem Interview mit Marizio Cattelan: »Für den Künstler ist es gut, wenn er auf das Netz eines jeglichen Systems anspielt – nicht auf eine provokative und sichtbare Art und Weise, sondern mimetisch, indem er sich derselben Medien bedient« (Aus dem Begleitschreiben zur Ausstellung »Let's entertain« im Centre Pompidou vom 12. Februar – 30. April 2000).

tur ihrer Falten, die trotz der Zeichen der Sterblichkeit so dauerhaft erscheinen wie Felsen, die von der Zeit gezeichnet sind. Das unsichtbare Gewissen erfindet seine Bilder. Blanchot hat die alte Sehnsucht der Künstler revidiert, die etwas Sichtbares und Monumentales erschufen, um dadurch Unsterblichkeit zu gewinnen. Im Gegenteil – so Blanchot – ist der Autor jener, der schreibt, um das Sterben zu lernen.[70]

Die ästhetische Distanz und der Raum, den wir durch Bilder, Töne oder Wörter betreten, sind mehr als ein Asyl in der Flucht vor der Realität. Sie bereiten den Auftritt einer Gegenmacht vor. Wallace Stevens definierte die Imagination als diese Gegenmacht: ein Druck von innen gegen die Gewalt von außen. Durch eine distanzierte Handlung greift die Kunst, diese gewaltlose Gewalt, nach einem demütigen Siegeszeichen: »The palm at the end of the mind«[71].

---

[70] Vgl. Maurice Blanchot, »After the fact«, in: ders., *The Station Hill Blanchot Reader*, hg. von George Quasha, Barrytown, New York 1999, S. 487–495.
[71] So der Titel eines Gedichtbands von Wallace Stevens, *The palm at the end of the mind: selected poems and a play*, hg. von Holly Stevens, Hamden 1984. (»Palm« bedeutet »Handfläche« und steht hier für »Siegeskranz« und zugleich für die Hand des Dichters.)

IV. Öffentliches Gedächtnis und moderne Erfahrung

Was lässt sich über die Zukunft des öffentlichen Gedächtnisses sagen? Ein solches Gedächtnis ist niemals einförmig oder geschlossen; auch lässt sich darüber streiten, ob es möglich ist, die Struktur und Summe des allgemeinen Wissensstands überhaupt zu beziffern. Dennoch besteht ein großer Anteil dieses Wissens, das in der öffentlichen Sphäre zirkuliert, aus gemeinsamen Vorstellungen, Bezügen und Normen, die die Basis wechselseitiger Verständlichkeit bilden. Bisher dienten hauptsächlich Bücher als Speicher dieser Form von Intelligibilität, zu der die nonverbalen Künste – Musik, Malerei, monumentale Skulptur und Architektur – einen wesentlichen Anteil beigesteuert haben.

Obwohl dieses gemeinsame Wissen, das einen Kanon kultureller Schriftdokumente und Soziolekte umfasst, niemals statisch oder unstrittig ist, prägt es doch auf entscheidende Weise unsere persönliche Identität, sei es bewusst oder unbewusst. Dieser Einfluss auf das individuelle Leben beginnt bereits mit dem Spracherwerb. Die meisten Soziologen – insbesondere in jener Tradition, die von Durkheim und Halbwachs zu Pierre Nora reicht – gehen davon aus, dass Erinnerungen stets sozial bedingt sind und dass Wörter oder Symbole, die verbalisiert werden können, das Gedächtnis zugleich ermöglichen und erhalten. Sprache und Gedächtnis überlagern sich demnach. Diese Überschneidung gibt gegenwärtig Anlass zu einigen Fragen, gerade auch in der Literaturkritik. Ist die Erinnerung als Tradition ein totes Gewicht, das auf dem Individuum mit seinen Talenten lastet, oder stellt sie dessen notwendiges und unabdingbares Medium dar? Gibt es eine symbolische Ordnung, die der Sprache vorgängig ist, oder markiert der Eintritt des Kindes in die Sprache einen irreversiblen Schritt, der alle weiteren Sozialisationsprozesse bedingt? Sind in Anbetracht der Einsichten über die soziale Struktur des Gedächtnisses die Privatsphäre und persönliche Kreativität möglicherweise nur (rettende) Illusionen?

Diese Problematiken, das haben meine vorhergehenden Ausführungen bereits gezeigt, vertiefen sich durch den gewaltigen Einfluss von Film und Telekommunikation. Eine ›Informationskrankheit‹, die aus der Geschwindigkeit und Quantität der neuen Medien resultiert, dringt in uns ein. Sie wird von jenen pausenlos ausstrahlenden Maschinen generiert, die wir erfunden haben, und droht uns den letzten Rest einer persönlichen Sphäre zu nehmen. Wir beklagen uns, dass der Einzelne diese Informationsflut nicht ›bewältigen‹ kann: Öffentliche und private Erfahrungen nähern sich nicht einander an, sie driften auseinander.

Zu den Krankheitssymptomen des persönlichen Gedächtnisses zählen endlose Diskussionen über Existenz oder Nichtexistenz eines ›posthumanistischen Subjekts‹, Konferenzen zum Thema »Vom Nutzen der Vergesslichkeit«, sowie die wachsende Sorge, dass »unsere Vergangenheit keine Zukunft in unserer Zukunft haben wird« (David Rieff). Obwohl wir von einer gesteigerten Kompetenz in der Wissensaufbereitung und -verwaltung sprechen, äffen uns jene Maschinen nach, auf die sich unsere Thesen stützten: »over and over the jolly cartoon / armies of France go reeling towards Verdun.«[72]

Geoffrey Hill evoziert den chaplinesken Charakter des frühen Kinos, die Surrealität jener kleinen, beschleunigten Figuren. Dies erinnert nicht nur an ein flüchtiges Phänomen oder eine altmodische Technik, der es zufällig gelingt, die Absurdität des Krieges und des mechanischen Gehorsams darzustellen. Es drückt vielmehr unsere grundsätzlich hilflose Einstellung gegenüber technischen Prozessen aus, die wir selbst erfunden haben, ohne mit ihnen Schritt halten zu können.

Der technologische Fortschritt hat – mit seinen immer besseren und größeren Bildern – nichts Wesentliches an dieser passiven Disposition geändert: Nach wie vor sind wir Konsumenten, die von einer überwältigenden technischen Struktur abhängen, die den Staatsapparat und die Bürokratie umfasst. Und wenn eine Mehrzahl populärer Filme danach strebt, eine Version von *Apocalypse Now* oder *Terminator* zu sein, weitet sich die Kluft zwischen Lein-

---

[72] Geoffrey Hill, *The Mystery of the Charity of Charles Peguy*, London 1983, S. 10.

wand und Sessel, zwischen dem medialen Bombardement und den bedächtigeren Rhythmen des Zuschauers. Wir können dieses Flakfeuer, das beständig über uns niedergeht, reflexiv nicht verarbeiten. Sinne und Intellekt werden unwillkürlich in Mitleidenschaft gezogen und zwar mit dem Resultat, dass Stilisierungen wiederkehren, einschließlich des ›jolly cartoon‹. Ehemals haben wir *mit der Erfahrung* gerungen und zweifellos verhält es sich noch immer so; aber jetzt kämpfen wir auch darum, überhaupt *Erfahrungen zu fühlen und festzuhalten* und einen Sinn für die Vergangenheit und Gegenwart zu entwickeln, die nicht abstrakt oder nur virtuell ist.

Genozid, Krieg, Sklaverei und Gewalt: Wie können wir unter den Bedingungen der Medienkultur das Gedächtnis als privates oder kollektives auf solche traumatischen Erfahrungen scharf einstellen? Paradoxerweise erschwert gerade die Effizienz moderner Informationssysteme mit ihrem Hyperrealismus und ihrer Übertragungsreichweite dieses Anliegen. Unser Gedächtnis entzieht sich zunehmend dem persönlichen, aktiven Zugriff des Einzelnen. Wenn die Sinne andauernd unter Beschuss stehen, wird die Tätigkeit der Imagination, die ihrer Definition nach die Fähigkeit besitzt, abwesende Dinge zu vergegenwärtigen, unterbunden oder läuft Gefahr, den Sensationalismus der Medien lediglich zu imitieren. Es gibt gute Gründe, sich angesichts dieser Entwicklung über einen Sensibilitätsverlust zu sorgen, der die Schwelle anhebt, an der unsere Reaktion einsetzt.

***

Dieser Trend des Realitätsverlusts wurde schon von William Wordsworth am Anfang der industriellen Revolution diagnostiziert. Bereits um 1800 klagte der englische Dichter, dass der Geist die Fähigkeit verliert, sich von alltäglichen Dingen und Wahrnehmungen, vom »gewöhnlichen Leben« und von »elementaren Gefühlen« stimulieren zu lassen. Er schreibt, dass »die großen nationalen Ereignisse, die sich täglich ereignen, und die zunehmende Ansammlung von Menschen in den Städten wegen der Gleichförmigkeit ihrer Tätigkeiten, das Verlangen nach einem außerordentlichen Ereignis weckt, das von der schnellen Kommunikationstechnik der Zuständigen stündlich befriedigt wird«. Zudem erregt Wordsworth sich über »hektische Romane, dürftige und dümmliche deutsche Tragödien und die Flut von selbstgefälligen und übertriebenen Versgeschichten«, die die gute Literatur, die »unschätzbare Arbeit unserer älteren Schriftsteller«, verdrängen.[73]

Seitdem schreitet dieser Realitätsverlust mit großen Schritten voran. Das heutige Problem zeigt sich weniger in einem Bovarismus oder Quichotismus, der die zu düstere Umwelt in romantische Einbildung verwandelt, vielmehr geht unsere Medienerfahrung dahin, dass alles auf der Leinwand als interessanter Effekt, als Konstruktion oder Simulation wahrgenommen wird. Das tatsächliche Geschehen wird von überlebensgroßen Bildern der Gewalt verdrängt und verschwindet hinter Spezialeffekten. Man darf sich nicht verwundern, dass der Kunstkritiker Robert Rosenblum das verteidigt, was er Warhols »deadpan« nennt: Die warholsche Ausdruckslosigkeit spiegelte den »Zustand der moralischen und emotionalen Anästhesie, die uns – ob wir das wollen oder nicht – vielleicht mehr über die Realität der modernen Welt verrät als die rhetorischen Leidenschaften eines *Guernica*«.

Ein gewisses Maß an Realitätsverlust ist unumgänglich: Das Vergehen der Zeit, das Verschwinden von Dingen in die Vergangenheit, kann nicht umgekehrt werden. Es bleibt aber immer noch ein Freiraum für Fabrikationen in einem guten oder schlechten Sinn: für gewissenhafte Rekonstruktionen oder bewusste Verfälschungen und, was schwerer zu beurteilen ist, für fiktionale Darstellungen. Darüber hinaus wird unser Bild der Wirklichkeit von historiographischen Debatten geprägt, die zu Medienereignissen werden. Sie bereiten die Bühne für einen wachsenden journalistischen Bedarf, für das, was Habermas (etwas optimistisch) den öffentlichen Gebrauch der Geschichte nennt. Um dem Vorwurf zu begegnen, dass ich nur eine pessimistische Medienschelte betreibe, will ich erneut betonen, dass ein wachsendes Interesse an solchen Ereignissen ein klarer Gewinn ist, an dem die Medien einen wichtigen Anteil haben.

In der Tat herrscht ein fortwährender Kampf in den Medien und der Öffentlichkeit über das, was die breite Bevölkerung glaubt oder glauben soll. Letztlich sind es aber keine Auseinandersetzungen oder Ereignisse geschichtlicher oder rechtlicher Natur, die das öffentliche Gedächtnis am meisten beeinflussen, sondern ver-

---

[73] William Wordsworth, »Preface to ›Lyrical Ballads‹« (²1802), in: ders., *The Poetical Works*, hg. von Thomas Hutchinson, London 1920, S. 934–942, hier S. 935 f.

wandte Themen wie nationale Ehre, Stolz, Legitimität. Ein tiefes Verlangen nach der Integrität der betroffenen Nation oder Gruppe prägt die (Re-)Konstruktionen geschichtlicher Ereignisse. Welche Präsenz soll der – oftmals – traumatischen Vergangenheit eingeräumt werden?

Wenn inzwischen aber selbst die Gegenwart schlecht verankert ist, wenn Abstraktion und Realitätsverlust zunehmen, wie können wir die Vergangenheit authentisch beurteilen und erinnern?

Über neue Museen, die zugleich als Bildungsstätten dienen, habe ich bereits gesprochen. Diese Entwicklung ist willkommen: Sie übermittelt Wissen *extra muros*, außerhalb der Mauern der Universität. Aber lassen diese Museen die Vergangenheit aufleben oder geben sie ihr ein angemessenes Grab? Viele von ihnen vertreten eine schlichte und sichere Vorstellung der Geschichte, die dann unsere Reaktion auf gegenwärtige Ereignisse beeinflusst – oder uns verführt, alles zu ›historisieren‹. Eine solche Historisierung stellt gleichermaßen eine Form des Vergessens wie des Erinnerns dar. Kunstwerke werden in der Tat zunehmend für ihren musealen oder Ausstellungswert konzipiert: Der Konflikt zwischen dem Historischen und dem Ästhetischen verflüchtigt sich innerhalb würdevoller Kunsträume, die das Etikett der Avantgarde oder Moderne tragen. Diese Form des Realitätsverlusts muss – insbesondere im Fall des Holocaust-Museums oder ähnlicher Erinnerungsprojekte – dazu veranlassen, genauer über die Prinzipien nachzudenken, die das Arrangement der Inhalte bestimmen. Geht es bei den Exponaten, die uns gezeigt werden, ausschließlich um die Vermittlung von Wissen? Das Anliegen eines Gedächtnismuseums liegt zum einen darin, Distanzen abzubauen und eine Geschichte zu erschließen, unabhängig davon, wie schmerzhaft oder schockartig sie auch sein mag. Zum anderen besteht das Ziel eher darin, zu unterrichten als zu überwältigen, eine Reflexion zu befördern und keine emotionale Fixierung.

Bedenken wir in diesem Zusammenhang noch einmal, was mit der Geschichte in den Medien passiert. Stellt man in Rechnung, dass unsere Fähigkeiten der Mimesis und Simulation zugenommen haben, ohne dass Vergesslichkeit und Unbeständigkeit abgenommen haben – dass die Geschwindigkeit, mit der die Dinge in den »dunklen Abgrund der vergangenen Zeit« fallen, sich sogar beschleunigt hat – dann geht heute die größte Gefahr für das Gedächtnis von der *offiziellen Geschichtsschreibung* aus. Selbst die

Toten sind, wie Walter Benjamin betonte, vor den Siegern nicht sicher. Diese zögern nicht, die Geschichte umzuschreiben. Sie betrachten die Geschichte als einen Teil ihrer Beute. In der Anfangsepisode von *Das Buch vom Lachen und Vergessen* schreibt Milan Kundera, dass wir auf diesen *dirigisme*˚ der Sieger mit einem lachenden und einem weinenden Auge blicken. Kundera erinnert daran, wie ein diskreditierter Führer der Kommunistischen Partei aus einer berühmten historischen Photographie wegretuschiert wurde. So leicht lässt sich Geschichte verfälschen und das öffentliche Gedächtnis irreführen. In einer Demokratie verhindert der freie Journalismus eine totale, staatliche Verfügung über die Nachrichten. Aber selbst wenn wir die Ereignisse nahezu zeitgleich mit ihrem Auftreten durch eine *action à distance* im Fernseher ›erleben‹, sind diese Bilder selten autonom. Meist unterstreichen sie nur die redundanten und ermüdenden Worte der Nachrichtensprecher und Kommentatoren. Ein Bild ist nur deshalb tausend Worte Wert, weil es diese Worte mit der Illusion der Unmittelbarkeit und Selbstevidenz ausstattet. Ich behaupte nicht, dass damit bewusst falsche Darstellungen verbreitet würden: Vielmehr geht es um unsere Komplizenschaft mit dem Medium selbst, die untersucht werden muss. Wenn es richtig ist, dass ein Teil der Verantwortung den Zuschauern zufällt, dann müsste der visuellen Erziehung in den Schulen sehr viel mehr Aufmerksamkeit geschenkt werden. Die Kraft der bewegten Fernsehbilder, aber auch die der Kunst und anderer Dokumentationsquellen, kann nicht unterschätzt werden. Die Freiheit der Meinungsäußerung, die ein Fundament der Aufklärung in einem demokratischen ›Markt der Ideen‹ bildet, veranlasst die Medien zu einer kontinuierlichen Untersuchung, Infragestellung und manchmal sogar zur Produktion von Skandalen, die unerwartete Wirkungen auf die Integrität der öffentlichen Sphäre haben.

Denn umso mehr Täuschungen vom Medienjournalismus offen gelegt werden, desto stärker reift ein schleichendes, unbehagliches Gefühl der Unwirklichkeit in uns heran. Was sollen wir mit all den Spekulationen zu Kennedys Ermordung anfangen, die uns in einem Schaulauf von Dokudramen und illustrierten Hypothesen präsentiert wurden? Es bleibt ein Verdacht, dass die politische und möglicherweise die gesamte öffentliche Sphäre unglaubwürdig ist – eine Maske, ein machiavellisches Netz von fortwährenden Trugbildern. Diese negative Einstellung unterminiert die besondere

Ernsthaftigkeit und Einzigartigkeit der gelebten Ereignisse und nährt einen tiefen Skeptizismus oder einen kompensatorischen Fundamentalismus.

Eine tragische und grenzenlose Unwahrheit ist das Thema von Luis Puenzos Film *Die offizielle Geschichte*. Der Film spielt in Argentinien während der militärischen Diktatur, die Handlung hätte sich aber ebenso gut in Osteuropa zur Zeit des Sowjetregimes ereignet haben können. Puenzo erzählt den tragischen und zugleich typischen Vorfall einer offiziellen Täuschung und deren persönlichen Aufdeckung. Er inszeniert den Fall einer Mutter, die vermutet, dass ihr adoptiertes Kind von einer ›verschwundenen‹ Argentinierin gestohlen wurde. Zuerst stellt sie die Wahrheit nicht in Frage. Aber ein leiser Zweifel nagt an ihrem elementaren Vertrauen in das System: Dieser Zweifel wächst und wächst, die Suche nach der Wahrheit setzt sich immer weiter fort, bis – wie in Sophokles' Drama *König Ödipus* – eine verborgene Vergangenheit enthüllt wird. Aber zu stark greift die politische Lüge, der die Mutter auf der Spur ist, in die Wirklichkeit ein, so dass das Leben ihrer Familie und selbst das ihres Kindes in Gefahr geraten.

Was ich hier skizziert habe, kommt der Struktur eines universalen Handlungsschemas nahe. Es ist offenbar so alt wie die Literatur selbst. Wie unterscheidet sich von dieser Grundstruktur eine heutige Behandlung des Themas? Ralph Waldo Emerson hat die aktuelle Problematik in einem Satz zusammengefasst: »Wir misstrauen unseren Werkzeugen.« Eben jene verbalen, photographischen oder filmischen Beweismittel, mit denen wir die Unwahrheit offenlegen, geraten unter Verdacht. Jede Form von Beweis trifft auf einen entlarvenden Diskurs oder auf Manipulationsvorwürfe. Die kritische Prüfung, der wir fragliche Ereignisse gewöhnlich unterziehen, provoziert eine Krise der Glaubwürdigkeit und einen Vertrauensverlust in das, was uns erzählt und gezeigt wird: *Wir spüren, dass die Welt der Erscheinungen und die Welt der Propaganda durch die Macht der Medien verschmolzen sind.*

Diesen Bann zu brechen und erneut verlässliches Wissen zu gewinnen, ist unter diesen Umständen so schwierig wie im Gnostizismus, der der Natur misstraute, aber zugleich den wahren Gott hinter dem Gott der Natur suchte. Selbst wenn wir uns als moderne Gnostiker einen Durchbruch zur Wahrheit wünschen, birgt die eventuelle Erkenntnis keine Entlastung. »Der Baum der Erkenntnis ist nicht der Baum des Lebens.« Byrons Diktum evoziert sowohl

Goethe als auch die Bibel; Goethes Faust fordert den Teufel heraus, das Wissen in Leben und Freude zurück zu verwandeln. Unsere Traurigkeit des Denkens reicht jedoch zu tief, als dass sie durch einen faustischen Pakt wettgemacht werden könnte.

***

Ein Trost könnte darin liegen, dass wir in Reaktion auf diesen Willen nach Ver- und Enthüllungen mehr Sinn für ältere, traditionelle und oftmals indirekte Formen der Äußerung finden. Hier gründet unsere anhaltende Wertschätzung für ein intergenerationelles (kollektives) Gedächtnis, das vermittels kanonischer Sagen und Geschichten weiter gereicht wird. Obwohl von einzelnen Künstlern geschaffen oder übermittelt, hat dieser Schatz sich mit der Zeit entwickelt; stets waren diese Künstler darum besorgt, ältere Geschichten an bestehende Archetypen und Paradigmen anzugleichen. Einem solchen ›kollektiven‹ Gedächtnis muss jedoch mit Vorsicht begegnet werden. Es kann sich zu einem verführerischen politischen Mittel entwickeln. Es sollte deshalb mit Bedacht kritisiert, aber nicht pauschal abgelehnt werden. Wenn der Realismus im Zuge eines zu hohen Realitätsverlusts kein Fundament mehr hat und zu einem formalistischen Imperativ zu verkommen droht, dann schauen wir uns nach Familienzugehörigkeiten oder Geburtsorten als verifizierenden Markern um. In der Tat wecken Mobilität und Abstraktion der Moderne die starke Sehnsucht nach ›lokalen Romanzen‹, nach Erzählungen, die die Atmosphäre eines bestimmten Orts ausstrahlen – Orte, die sich dem kollektiven Gedächtnis eingeprägt haben. Solche Geschichten kristallisieren sich oft an Eigen- und Ortsnamen (Beth-el; Guermantes; Winesburg, Ohio; Homewood), obwohl manche dieser Namen frei erfunden sind. Sie überleben in unserer Imagination als Echo einer (Pseudo-)Referenzialität.

Es ist ferner diese nominalistische genealogische Verbindung, die die Angst schürt, dass sich die Beziehung zwischen dem Publikum und den Sängern von alten Geschichten in der Moderne auflöst. »Wir haben keine Institutionen mehr«, erklärt Alasdair MacIntyre,

> mittels derer man der gesamten, als Zuschauer versammelten politischen Gemeinde – in dramatisierter oder anderer Form –

die Geschichten erzählen könnte, die alle gemeinsam betreffen.
Wir haben keine Dramatiker oder andere Erzähler, die in der
Lage wären, ein solches Publikum anzusprechen. [...] Unser
Publikum ist ein privatisiertes und verstreutes, das zu Hause
oder in Hotelzimmern fernsieht.[74]

Die geschichtslose moderne Imagination stellt sich als eine Reise
von Nicht-Ort zu Nicht-Ort dar, und sie gefällt sich in einer Anonymität, die ihr, wie Marc Augé nahelegt, von Autobahnen, Flughäfen, Hotelkomplexen und Einkaufszentren verliehen wird. In diesem Prozess verlieren sich die *lieux de mémoire*˙ und werden ersetzt durch *non-lieux*˙.[75]

***

Im Gegenzug zu dieser Leere des öffentlichen Gedächtnisses, die
von wechselnden, unpersönlichen Netzwerken der Information
besetzt wird, behauptet sich eine andere, verantwortungsbewusste,
aber zugleich auch belastete Erinnerung. Jedes Mal, wenn wir
mündlich überlieferte Erzählungen zurück ans Licht holen, selbst
dann, wenn diese tragischerweise von einem Nicht-Ort wie der
entmenschlichten Landschaft von Treblinka oder Auschwitz erzählen, schaffen wir eine Widerstandslinie, die der Auslöschung entgegen wirkt, weil sie an einen Ort gebunden ist und durch diesen an
eine Identität.

Auch Monumente sind *lieux de mémoire*˙, die sich auf geschichtsträchtige Orte beziehen. Der deutsche Autor und Filmemacher
Alexander Kluge setzt sich mit dem Druck auseinander, den die
Vergangenheit ausübt, indem er Bilder von zerstörten oder verlassenen Gebäuden der Nazi-Architektur in sein Bildmaterial einfügt.
Diese negativen Erinnerungsorte, die ehemals in Nazifilmen glorifiziert wurden, dienen nun als eine Erinnerung an die »Ewigkeit
von gestern«. Sie sind Symptome eines fatalen kollektiven Traums,

---

[74] Vgl. Alasdair MacIntyre, *Der Verlust der Tugend. Zur moralischen Krise der Gegenwart*, übers. von Wolfgang Riehl, Frankfurt am Main 1995.

[75] Marc Augé, *Nicht-Orte und Orte. Vorüberlegungen zu einer Ethnologie der Einsamkeit*, Frankfurt am Main ²1998, S. 90–141. ›Non-lieu‹ bezeichnet im Französischen zudem die legale Abweisung eines Rechtsfalls.

der nicht wirklich vergangen ist, und der sich in der Kinomaschine, in die wir uns verwandelt haben, fortzeugt.

Traditionsbildende Geschichten sind das Unvergängliche der Zeit und überdauern – wie uns die Dichter lehren – Marmor, Stein und Eisen. Marshall McLuhan erkannte, dass die elektronische Kultur diese kanonischen, immer wieder neu erzählten Geschichten ersetzt. Aber er sah in dieser Wende etwas Kreatives, eine Wiederherstellung der Gaben des Dorfes in modernem Gewand.

Diese Entwicklung zeigt sich heute jedoch in einem weniger freundlichen Licht. McLuhans »mechanische Braut« (d. h. die utopische Hoffnung einer fruchtbaren Vermählung von Technologie und Humanismus) hat auch ihren Bräutigam in ein mechanisches Wesen verwandelt. Das menschliche Gedächtnis entwickelt im Räderwerk der Technik erstaunliche Fähigkeiten, aber es trägt kaum zu einer kollektiven Tradition des Geschichtenerzählens bei.

Wir müssen an dieser Stelle noch eine Schwierigkeit eingestehen. Wenn wir weder Audio- noch Videomedien dazu nutzen würden, um diese Geschichten zu speichern, würden wir zu viel verlieren. Wenn wir sie hingegen verwenden, garantiert der gespeicherte Inhalt – seien es Holocaust-Zeugnisse oder andere Formen der Zeugenschaft – nicht, dass sich kein Realitätsverlust einstellt. Die mechanische Braut fordert ihren Preis: In einem Zeitalter, das die technische Reproduktion einfach gemacht hat, läuft selbst die Zeugenschaft Gefahr, dass der Eindruck ihres Erfahrungsinhaltes sich schwächt, so wie magnetische Bänder mit der Zeit an visueller Schärfe verlieren und daher auf neue, dauerhaftere Datenträger kopiert werden müssen.

Trotz allem kann die mündliche Überlieferung, die auf Bändern aufgenommen wird, das öffentliche Gedächtnis beeinflussen. Man sammelt Erfahrungen, die gemeinsam durchlebt wurden und erlaubt somit jedem, sich zu äußern – ohne Eliten zu bevorzugen. Auf diese Art und Weise wird eine umgangssprachliche und mehrstimmige Dimension erfasst. Das kollektive Gedächtnis, das so aufbewahrt wird, ist zu vielfältig und zu spezifisch, als dass es institutionalisiert oder sakralisiert werden könnte. Obwohl wir nicht vorhersehen, welche Zeugenberichte sich in den nächsten hundert oder tausend Jahren als einprägsam oder wichtig erweisen werden, ist die Vermutung sicher nicht ganz falsch, dass das Erzählen ebenso eine Rolle spielen wird, wie es bereits seit tausend oder zweitausend Jahren der Fall ist. Selbst mit dem Eintritt in eine postmoderne

Welt, wo die Meister- oder Meta-Erzählungen Gefahr laufen, ihre Glaubwürdigkeit und Legitimation zu verlieren, werden die persönlichen Erzählungen, wie in den unterschiedlichen Berichten der Zeugen im Yale Video-Archiv, ihre Präsenz weiterhin fühlbar machen.

***

Die Zukunft des Gedächtnisses hängt, in den Worten Shelleys, von Künsten ab, »noch unbekannt, die einst doch sein werden«. Diese Künste lassen sich durch herausragende Autoren und Wissenschaftler erahnen, die den Archiven zu neuem Leben verhelfen – auch indem sie Erinnerungen würdigen, die in keiner direkten Beziehung zu ihrer persönlichen Geschichte stehen. Die wahre Geschichte und die wahre Fiktion haben schon immer eines außerordentlichen Aktes der empathischen Imagination bedurft: eine Annäherung an Erfahrungen oder Geschichten, die nicht die eigenen sind.

Kurz nachdem David Boder die ersten Zeugnisse von ›Displaced Persons‹ in den Nachkriegslagern sammelte, besuchte John Hersey das YIVO, das »Institut for Jewish Research«, und sichtete eine große Masse an Dokumenten über den Aufstand im Warschauer Ghetto. Herseys Assistenten, unter denen auch die Historikerin Lucy Dawidowicz war, übersetzten für ihn das relevante Material. Aber sie selbst – die Übersetzer – wurden in diesem Prozess zu Zeugen. Sie hatten persönliche Kenntnis von den Ereignissen, und als sie »übersetzten, konnten sie sich einschalten, um zu bestätigen und zu erklären«. Diese zusätzlichen mündlichen Kommentare und andere Dokumente der *Oral History* waren in ihrer Komplexität und Vielstimmigkeit die Grundlage für Herseys Roman *The Wall*.[76]

---

[76] David P. Boder, *I Did not Interview the Dead*, Urbana 1949. Zu Hersey siehe seinen Vortrag an der Baltimore Hebrew Universität, »To Invent a Memory«, 1983 gehalten und 1989 von der Universität veröffentlicht. Der Roman selber, 1950 veröffentlicht, weist ein »Vorwort des Herausgebers« auf, das bereits Teil der Fiktion ist. Es beschreibt die Entdeckung eines vergrabenen Archivs und nennt zwei fiktive Namen von Übersetzern. In der Titelei des Romans zeugt folgende Äußerung von der Spannung von Herseys Geschichtsschreibung, eine Form die später unter dem Begriff

Hersey fährt fort, indem er uns über etwas informiert, das noch wichtiger war als seine Mitarbeit als Autor an einer erweiterten Geschichte. Um möglichst viel Material aufzunehmen, verwendete er zuerst die narrative Perspektive eines allwissenden Erzählers. Dies funktionierte jedoch nicht, weil, wie er erklärt, »mit der universalen Sichtweise eine fatale Verfälschung« verbunden war. Ihm wurde klar, dass die Geschichte von einer Person erzählt werden musste, die dort war und die Ereignisse selbst erlebt hat – jemandem, der zum Überlebenden wurde. »Die Einbildungskraft war unzureichend; nur die Erinnerung war hinreichend. Um das zu retten, was dem Subjekt seine Würde verlieh, musste ich eine Erinnerung erfinden« – und so wurde sein Hauptprotagonist Noach Levinson geboren.

Heute erreicht die Kette der Zeugnisse, je weiter wir uns von dem Ereignis weg bewegen, einen Zerreißpunkt. Denn selbst die Medien werden zu einem Glied in dieser Kette, indem sie eine ursprüngliche Komplexität durch eine neu entstehende ersetzen. So verleiht die Fernsehversion, die auf Herseys Roman basiert, dem Ghettoaufstand neues Leben und Pathos. Zugleich schwächt sie jedoch seine menschliche und historische Konkretion. Sie lässt uns mit einem vereinfachten und verallgemeinerten Erinnerungsbild zurück. Einige werden sagen, dass es sich schon immer so verhalten hat; das historische Ereignis an sich sei ein Chaos, das zum Zweck der Erfahrbarkeit, Verständlichkeit und Überlieferung in eine Ordnung gebracht werden muss. Dieser »fatalen Fälschung« sind notgedrungen offizielle Mythen, historiographische Paradigmen oder fiktionale Muster unterlegt.

Auch deshalb bereitet uns Herseys Satz »ein Gedächtnis *zu erfinden*« Unbehagen; aber wir müssen bedenken, dass er von einem

---

»Faction« zirkulieren sollte. »Dies ist Fiktion. Der Roman beschäftigt sich mit der Geschichte, aber die Details sind erfunden. Das ›Archiv‹ hat nicht existiert.« John Hersey, *The Wall*, New York 1957 (dt. Titel *Der Wall*, Wien, München, Zürich 1982). (In der deutschen Ausgabe findet sich der Verweis so nicht. Der Einbandtext enthält allerdings den Hinweis, dass Levinsons Archiv »nie existiert [hat] […]. Es bildet nur den fiktiven Rahmen, die Voraussetzung zu einem in der Literatur der Gegenwart einmaligen Zeitzeugnis.« Anm. des Übers.). Eine Auswahl von Emmanuel Ringelblums Archiv wurde zuerst in *Bleter far Geszichte*, Warschau 1948, veröffentlicht.

Gedächtnis spricht, das auf starken persönlichen Erinnerungen und übereinstimmenden Zeugenberichten basiert. Denn es gibt noch eine andere Gedächtnisanlage, die sich als feindlich erwiesen hat: Sie speist sich ausschließlich aus heroischen Bildern und fördert einen politischen Opportunismus oder die fundamentalistische Tendenz eines nationalen Schicksals und ethnischer Reinheit. Gegen *diese* Fälschung, gegen *dieses* unwirkliche Gedächtnis, muss angekämpft werden. Nur wenn Überlebende Zeugnis ablegen, und Autoren wie Hersey oder jüngere Beteiligte, seien es Künstler oder Wissenschaftler, sich auf diese Geschichte(n) einlassen und einen Teil der Überlieferungskette bilden, können diese modernen Erzählungen, die oftmals von schrecklichen Ereignissen handeln, uns auch noch in der Zukunft erreichen.

V. Trauma, Zeugnis und Literaturkritik

Xie Qiong [QX][77]: Im Kontext der Traumatheorie (*trauma studies*) gilt ihr besonderes Interesse der Frage, wie das kollektive Trauma des Holocaust durch persönliche Zeugnisse vermittelt wird. Sie erwähnen u. a. die besondere Beziehung – ein »Zeugenbündnis« – zwischen den Interviewpartnern. In meinen Recherchen bin ich jedoch meist darauf gestoßen, dass Wissenschaftler und Wissenschaftlerinnen sich bevorzugt mit kollektiven, weniger mit persönlichen Traumata auseinandersetzen. Ich möchte gerne mehr darüber wissen, wie Sie die Beziehung zwischen kollektivem und persönlichem Trauma einschätzen. Zudem interessiert mich, welche Rolle sie der Literatur beimessen und ob die Literatur dazu beitragen kann, eine Brücke vom persönlichen zum kollektiven Trauma zu schlagen? In diesem Kontext hat mich vor allem Ihre Analyse des englischen Dichters William Wordsworth beeindruckt, dessen persönliches, psychisches Trauma Sie in Beziehung zu den nationalen, politischen und revolutionären Ereignissen seiner Zeit setzen. Könnte man dieser Studie einen Modellcharakter für literarische Untersuchungen im Feld der Traumatheorie zusprechen? Dies würde bedeuten, dass die persönliche Krise einer Person im Spiegel von allgemeinen sozialen und politischen Ereignissen fokussiert und analysiert werden kann?

Geoffrey Hartman [GH]: Ich beantworte Ihre Frage zusammen mit ihrer nächsten, die Sie im Anschluss stellen: »Wie wir in China und in anderen Teilen der Welt sehen, provozieren öffentliche Debatten über kollektiv erlittene traumatische Ereignisse oft starke,

---

[77] Das Kapitel enthält den größten Teil eines Interviews, das die chinesische Sinologin Xie Qiong mit Geoffrey Hartman geführt hat. Die transkribierte Aufnahme wurde nachträglich überarbeitet, so dass Hartman Fragen vorwegnehmen kann oder Xie Qiong mit Sätzen zitiert, die zuvor nicht im Interview aufgenommen sind.

nationalistische Gefühle. Diese Reaktionen werden nicht immer oder nicht ausschließlich von der Regierung propagiert. Stattdessen sind die emotionalen Ausbrüche der traumatisierten Opfer manchmal auf ihre jeweilige Kultur und Geschichte zurückzuführen. Meiner Meinung nach besteht eine wichtige Aufgabe der Traumatheorie darin, ein Gegengift gegen die radikal nationalistischen Gefühle traumatisierter Opfergruppen zu bilden. Mich würde interessieren, wie Sie die Spannungen zwischen der Traumatheorie und der Verbreitung konkurrierender nationalistischer Haltungen weltweit sehen?«

In meiner Antwort – und sie wird etwas lang und gewunden ausfallen – will ich zuerst bestätigen, dass mein Interesse für Traumatheorien zunächst von der Literatur ausging, bevor ich mich dem Holocaust zugewandt und die Bedeutung der Videozeugnisse erkannt habe. Zunächst war mein zentraler Bezugspunkt tatsächlich Wordsworth und seine Rückversicherung während seiner Krisenphase als Erwachsener, in der sowohl seine persönliche als auch seine kollektive (englische) Identität bedroht waren.

Im Zuge seiner Identitätskrise (die ungefähr im Alter von 23 begonnen hat und mehrere Jahre andauerte) hat Wordsworth schließlich eine neuartige Form der Autobiographie in Versform geschrieben, die erste Dichtung in epischer Länge, die uns den »Growth of a Poet's Mind« (dt. Titel *Präludium oder Das Reifen eines Dichtergeistes*) schildert. Es ist, als hätte ihn die Natur selbst zum Dichter der Natur bestimmt und erzogen. Er stellt eine psychologische Entwicklung von überwältigenden, prägenden Kindheitserinnerungen dar, die von der ländlichen Natur als einer sublimen Größe herrühren, von einer Umwelt, die ihn durch Eindrücke der Furcht und Macht, aber auch der Schönheit und Güte reifen ließ. So sehr sich diese Erfahrungen auch von menschlich verursachten, massiven kollektiven Traumata unterscheiden, kann man sie durchaus als persönliches Trauma bezeichnen. Zudem beschreibt der Dichter eine extreme moralische und politische Erschütterung, die er später erlitt (»Doch dies war nun / Ein Schritt in völlig neue Regionen«[78]), als sich England 1793 gegen Frankreich und die französische Revolution richtete und damit die Hoff-

---

[78] William Wordsworth, *Präludium oder Das Reifen eines Dichtergeistes*, übers. von Hermann Fischer, Stuttgart 1974, S. 271, Buch 10, Zeile 412 f.

nungen einer ganzen jungen Generation verriet. Dieser ›Verrat‹ war ein zweiter Schock von traumatischem Ausmaß.

Es ist nun bemerkenswert, dass in dieser Situation die Erinnerung an frühe, intensive und bedrohliche Naturerlebnisse in der ›heroischen Phase seiner Kindheit‹ Wordsworth zu Hilfe kam. Er betrachtete diese Erfahrungen jetzt als zukunftsgerichtete Lektion, die ihn auf die späteren Identitätsschocks vorbereiten sollte. Die Erinnerung an die Kindheitsprüfungen seiner ›Seele‹ halfen Wordsworth, sich während der Krise seiner Identität zu versichern. Er entdeckte erneut den Dichterberuf, indem er ihn vom Vorurteil des Müßiggangs und Nichtstuns befreite und ihm eine neue poetische oder sogar prophetische Aufgabe zusprach: nämlich auf die Rolle der Natur hinzuweisen, die die sinnliche und imaginative Wahrnehmung der Menschen ausbildet und erweitert. In einer Epoche, die von der französischen Revolution, der industriellen Revolution (mit ihren Folgen der Verstädterung und Reizüberflutung) und den napoleonischen Kriegen geprägt war, stellte er seine Dichtung in den Dienst einer höchst originären Reformidee.

Denn Wordsworth machte sich ernste Sorgen über die Kluft, die sich zwischen einer älteren, agrarischen Kultur und Vertretern einer absolutistischen Gesinnung aufgetan hatte, die die radikale Ideologie eines ›Neuen Menschen‹ propagierten. In dieser Situation ging es ihm darum, eine einfühlende Imagination zu kultivieren, die unsere Wahrnehmungsfähigkeit erweitert, statt sie einer gewalttätigen Revolution und ihren abstrakten Fortschrittsideen zu unterwerfen – abstrakt im Sinne von: abgekoppelt von Gefühlen, die in der frühen Abhängigkeit des Menschen von der Natur wurzeln. Die Natur, so die These seines autobiographischen Gedichts, hat ihre eigenen Wege und Mittel, die Psyche dem Ideal der Freiheit entgegen zu führen. Wordsworth kam damit auf Überzeugungen zurück, die er vorübergehend ausgeblendet hatte, dass die immer noch lebhaften Bilder von seinem frühen Umgang mit der Natur selbst ein poetisches Zeugnis über die elementare Bedeutung dieses Entwicklungsprozesses ablegen.

Damit komme ich nun auf Ihre zentrale Frage zu sprechen, ob Traumatheorien ein Antidot gegen extreme nationalistische Einstellungen entwickeln können. Ich möchte diese Frage nicht vor dem Hintergrund eines klinischen Traumaverständnisses beantworten (wozu ich nicht berufen bin), sondern ausgehend von meinem Interesse an psycho-ästhetischen und grundlegenden humanistischen Fragestellungen.

Meine erste und einfachste Beobachtung ist die, dass extreme nationalistische Gefühle oft von Ressentiments genährt werden, von ›Erzählungen nationaler Opfer‹. Auf dieser Abstraktionsebene ist nahezu jeder politische Gedanke zugleich blutig und idealistisch. Eine große Sache wie die Gründung, Erhaltung oder Errettung einer Nation verlangt Blut – das von Märtyrern und zugleich das der Feinde. Es war deshalb kein Zufall, dass man der Sage nach bei der Gründung von Rom während des Baus am Kapitol bei Ausgrabungen einen blutenden Kopf als Omen fand.

Meine zweite Beobachtung ist die, dass extreme politische Hoffnungen, wenn sie nicht erfüllt werden, den Nährboden für Enttäuschungen und öffentliche Konflikte bilden. Kenneth Burke prägte im Hinblick auf die nationalsozialistische Politik Hitlers mit ihrer Gleichschaltung von Volk, Führer und Reich den Ausdruck einer »düsteren Vereinigung«. Diese musste einen Sündenbock finden und fand ihn auch; es folgte der Holocaust. Die Erinnerungen an ein reales oder imaginäres Unheil (Deutschland, das den Ersten Weltkrieg aufgrund einer »Dolchstoßlegende« verloren hat, die katastrophische Inflation in den 20er Jahren der Nachkriegszeit, das Gespenst des Bürgerkriegs) blieben auf bedrohliche Weise präsent, sodass sich die Nazis bei ihrer Machtergreifung erfolgreich einer Sündenbock-Propaganda bedienen konnten, die das öffentliche Bewusstsein in Besitz nahm. Eine Verschwörungsgeschichte von Verrat und internationaler Subversion richtete sich gegen die Juden, vereinigte individuelles Unbehagen und entzündete schließlich ein hyper-nationalistisches Ethos kultureller Reinheit und Ausgrenzung. Heute scheint es unfasslich, dass die Nazis ihre mörderischen Verfolgungen als ›Verteidigung der Kultur‹ ausgeben konnten.

Wie kann ein Gegengift unter solchen Umständen seine Wirkung entfalten, was kann die Traumatheorie gegenüber einer politischen Bewegung ausrichten, die ihre Legitimität gerade selbst auf ein Trauma zurückführt? Wenn es richtig ist, dass uns Traumata immer mit Ängsten der absoluten Entfremdung und Isolation bedrohen, können wir eine der Thesen aufgreifen, die ich in *The Fateful Question of Culture* entwickelt habe.[79] In diesem Buch stelle

---

[79] Siehe Geoffrey H. Hartman, *Das beredte Schweigen der Literatur: über das Unbehagen an der Kultur*, übers. v. Frank Jakubzik, Frankfurt a. M. 2000.

ich fest, dass der Begriff der Kultur seit dem späten 18. Jahrhundert eine komplexe Bedeutung angenommen hat. ›Kultur‹ – ein Wort, das im 20. Jahrhundert polemisch antonym und nicht nur synonym zu ›Zivilisation‹ verwendet wird – drückt zunehmend den völkischen Wunsch aus, eine ursprüngliche Natürlichkeit und eine verlorene organische Beziehung zum Land und seiner ›Agri-Kultur‹ wiederherzustellen. Der durch die Modernisierung verursachte Stress (d.h. Selbst-Bewusstsein, Spezialisierung, Rationalisierung, Arbeitsteilung, Differenzierung sozialer Stände, städtisches Leben, und eine wachsende, allgemeine Professionalisierung), scheint die Natur selbst (»die alles vereinende Natur«) verwundet zu haben. Die Metapher der »Wunde« stammt aus dem sechsten Brief *Über die ästhetische Erziehung* (1795) von Friedrich Schiller. Er beschreibt in großen Zügen ein Paradox, das seinen Nachhall noch in Sigmund Freuds *Das Unbehagen in der Kultur* (1930) findet. »Die Kultur selbst war es, welche der neueren Menscheit diese Wunde schlug.«

Eine neue, unheilbare Wunde? Als Heilmittel verschreiben die romantischen Dichter und Philosophen eine post-klassische Integration, eine kompensatorische Ästhetik, die den modernen Individuationsprozess und die daraus resultierende Sehnsucht nach der verlorenen Einheit und Natürlichkeit wiederherzustellen sucht. Ich vermute auch, dass ethnische Gemeinschaften, die in einer lokalen Kultur und Geschichte verwurzelt sind und deren Verlust fürchten, sich weniger nach einem abstrakten Kosmopolitismus als nach einer verkörperten, ganzheitlichen und unbeschädigten Lebensform sehnen. Vor diesem Hintergrund entstehen viele tröstende aber zweifelhafte Geschichten, die erklären sollen, wie das Volk seine Macht und Größe verlor.

Wenn man in diesem Kontext über die Gefahr des Nationalismus spricht, darf nicht vergessen werden, dass das Konzept der ›Nation‹ (zusammen mit Familie, Volk und Kirche als charakteristische Verkörperungen des Kollektivs) eine zentrale Voraussetzung für solche Gefühle der Zugehörigkeit darstellt. Der Nationalismus hat eine normative Seite, die sich symbolisch ausdrückt und Bindekräfte erzeugt. Nationale Gefühle und das Streben nach Solidarität sind tiefe menschliche Werte. Doch gerade in dieser Hinsicht erweisen sich fiktionale Darstellungen – in Film, Theater, Poesie oder Roman – als äußerst hilfreich.

Denn normalerweise zeigen diese Darstellungen die persönlichen Konflikte und Auseinandersetzungen einzelner Protagonisten, was die Tendenz zur Dämonisierung unterläuft. Der Respekt für das Individuum wird in diesen Erzählungen aufrechterhalten. Sofern dies nicht der Fall ist, ist zu befürchten, dass politische Regime, zumal wenn sie keine verfassungsrechtliche Gewaltenteilung berücksichtigen, uns ihren eigenen Realitätssinn durch Terror aufzwingen, was Traumata begünstigt, anstatt ihnen entgegenzuwirken.[80]

Es ist daher gut, dass Sie »Wordsworths psychisches Trauma in seiner Beziehung zur Revolution und nationalen Politik« ansprechen und nach dem Modellcharakter dieses Beispiels für literarische Untersuchungen fragen. Die Kulturwissenschaften neigen heute zu solchen Ansätzen, die persönliche Einzelschicksale mit sozio-politischen Makrostrukturen verknüpfen. Wenn ich mich demgegenüber in *The Fateful Question of Culture* kritisch geäußert habe, so liegt das daran, dass es noch immer wichtig ist, sorgsam und historisch fundiert das im Auge zu behalten, was Hegel am Anfang seiner *Phänomenologie des Geistes* die Wahrheit und Gewissheit des Selbstbewusstseins nennt.

Ich hoffe, mit meiner Analyse von Wordsworth gezeigt zu haben, dass seine individuelle Krise parallel verläuft zu der sozioökonomischen Krise eines tiefgreifenden gesellschaftlichen Wandels. Heute streben viele Entwicklungsländer nach wie vor eine direkte Umwandlung von der Agrargesellschaft zur industriellen Ökonomie an, was den massiven Einsatz von produktiven Maschinen fordert (der zugleich auf den späteren Einsatz destruktiver Kriegs-Maschinerie vorausdeutet). Ironischerweise können auch durch eine streng ideologisierte ›kulturelle‹ Intervention – dies haben wir im 20. Jahrhundert wiederholt erlebt – in einer solchen Situation Bevölkerungen von Regierungen terrorisiert und traumatisiert werden, wenn diese mit Hilfe von ›Umschulungsprogrammen‹ einen großen Sprung von agrarischen hin zu industriellen Produktionsformen zu erzwingen suchen.

---

[80] Im Anschluss an das Interview erwähnte Hartman in diesem Kontext zudem die reparativen (anti-traumatischen) Konzepte des »homo ludens« sowie Herbert Marcuses post-Schiller'sche ästhetische Reflexionen. Vgl. Johann Huizinga, *Homo ludens: A Study of the Play element in Culture*, London 1949. Hartman nannte zudem seinen Aufsatz »Art, Consensus and Progressive Politics«, in: ders., *A Critic's Journey: Literary Reflections 1958-1998*, New Haven 1999, S. 272–282.

Aber ich möchte an dieser Stelle auf die Arbeit im Yale Video-Archiv für Zeugnisse von Holocaust-Überlebenden zu sprechen kommen. Diese Arbeit stellt sicher, dass die einzelnen Stimmen nicht vergessen werden. Auch hier gibt es natürlich eine kollektive Dimension, die sich aus der Übereinstimmung und Überschneidung der historischen Tatsachen mit dem ergibt, was die unterschiedlichen Zeugen berichten. Dennoch beharrt die Form des Berichts auf der unhintergehbaren Individualität der Menschen, denen im Lager bis auf das nackte Leben alles geraubt wurde. In der Perspektive des sozialen Realismus dagegen steht die Subjektposition immer für das ganze Kollektiv. Diese Zeugnisse sind daher wichtig, ganz unabhängig davon, ob sie etwas Besonderes zu den bekannten historischen Daten hinzufügen oder nicht. Jedes Zeugnis ist der Schrei eines Individuums. Dieser Geist des Dokumentationsprojekts ist zu würdigen, denn sonst würde man riskieren, angesichts der Enormität der Ereignisse die Hoffnung auf den Menschen als selbst bestimmtes und handlungsfähiges Subjekt zu verlieren.

QX: Wenn ich Sie richtig verstanden habe, sehen Sie in der Konzentration auf individuelle Erinnerungen ein Gegenmittel gegen den Gebrauch und Missbrauch von kollektiven Traumata, um nationalistische Gefühle zu nähren und zu verbreiten…

GH: Richtig, es stellt sich nur die Frage, wie man an diese individuellen Erinnerungen herankommt?

QX: Die Literatur könnte einen Weg weisen, zum Beispiel Romane oder Memoiren…

GH: Ja, das muss betont werden. Ich würde jedoch nie behaupten, dass die mündlichen Zeugnisse des Yale-Projekts literarisch sind. Zumindest nicht im gewöhnlichen Sinn – auch wenn sie hin und wieder einprägsame rhetorische Figuren enthalten. Gewiss, die Literatur leistet mehr, und sie kann nicht auf den Begriff der Fiktion reduziert werden, aber die Zeugnisse sind unstilisiert (*demotisch*). Sie sind nicht die organisierte Reaktion einer Elite. Im Großen und Ganzen sind die Zeugnisse spontan; ihre Textur und Diktion ist viel freier als die Literatur, auch wenn sich die moderne Literatur in Richtung Umgangssprache entwickelt hat. Man fühlt diese Spontaneität sofort, man hört heraus, dass diese mündliche ›Zeugnis-Literatur‹ lebendiger und weniger mediatisiert ist als andere Transkriptionen von Erinnerungen. Und das geht auf den subjektiv performativen Charakter der Zeugnisse zurück, auf den es hier besonders ankommt und den man über dem kollektiven Aspekt nicht vergessen darf.

In der zeitgenössischen Literatur gibt es neue kreative Experimente wie den nicht-fiktionalen Roman (*non-fiction novel*) oder das, was als ›faction‹ bezeichnet wird. Beispiele dafür sind auf Tatsachen beruhende Romane wie John Herseys *Hiroshima* oder Truman Capotes *In Cold Blood* (dt. Titel *Kaltblütig: wahrheitsgemäßer Bericht über einen mehrfachen Mord und seine Folgen*). Hier wird eine neue Form der Mimesis entwickelt, in der die Realität Vorrang vor der Fiktion hat. Im Gegensatz dazu beruht der schlichte und unverstellte Charakter der Zeugnisse nicht auf einem kalkulierten Realitätseffekt, sondern spricht uns unmittelbar an, und das auch noch oftmals in der brüchigen, adoptierten Sprache des Einwanderungslandes. Deshalb können wir hier von einem neuen Genre sprechen, von einem neuen kommunikativen Genre. Aus diesem Grunde betone ich auch die Verbindung zwischen Pädagogik und Video-Zeugnis: Die Zeugnisse sind darauf angelegt, bekannt und überdacht zu werden, nicht nur aufgrund ihres wichtigen, bewegenden Inhalts, sondern auch in der Hoffnung, dass die Zuschauer das schlichte *talking head*-Format dieser Videos als Veto gegen die optischen Sehkonventionen der neuen Medien verstehen. Denn es geht hier in keiner Weise darum, die erzählten Ereignisse realistisch zu simulieren, sondern allein darum, so nah wie möglich an eine ›Ich-Du‹-Beziehung heranzukommen.

Das bringt mich zur ersten Frage zurück, die Sie mir gestellt haben: Sie wollten wissen, welche Themen für mich nach der Dekonstruktion bedeutsam waren.[81] Ich bin der Meinung, dass heute eine Reflexion über unseren Fernseh- und Mediengebrauch im Allgemeinen von höchster Bedeutung ist und eine fortwährende kritische Auseinandersetzung verlangt. Die Gründe hierfür sind offensichtlich und hängen nicht nur damit zusammen, dass die neuen Medien potentiell ein globales (virtuelles) Publikum erreichen. Ein geschulter und kritischer Umgang mit den Medien

---

[81] Diese Frage stammt vom Anfang des Interviews, der hier ausgespart wurde. Anm. d. Übers.

(*media literacy*) ist absolut notwendig, weil diese unsere Fähigkeit zur Realitätsprüfung zunehmend in Frage stellen. Seit Marshall McLuhans optimistischer Darstellung der »mechanischen Braut« hypnotisieren uns die technischen Medien in einem wachsenden Ausmaß. Es ist an der Zeit, uns den scheinbaren Realismus der Medien und den weniger offensichtlichen Realitätsverlust, der damit einhergeht, ins Bewusstsein zu rufen. Die Tatsache, dass heute so viele Informationen, die scheinbar unvermittelt daherkommen, technisch vermittelt sind und dass insbesondere das Fernsehen vorgibt, direkt mit uns zu kommunizieren, während wir doch allzu gut wissen, dass die Produktionen eine riesige Maschinerie von Menschen und elektronischer Ausrüstung erfordert – führt all das nicht dazu, dass wir allmählich die Fähigkeit verlieren, die Authentizität dessen zu überprüfen, was uns tagtäglich gezeigt wird? Es entsteht die begründete Angst, »*dass die Welt der Erscheinungen und die Welt der Propaganda durch die Macht der Medien verschmolzen sind*«.[82]

Natürlich könnten sogar die Video-Zeugnisse von dieser Entwicklung betroffen sein. Während ich sie anschaue, stelle ich mir auf einmal jemanden vor, der fragt: »Woher weiß ich, dass dieser Zeuge kein Schauspieler ist?« Im Zeitalter der Simulakra und dem Kampf gegen die Inauthentizität muss alles authentifiziert werden.

Wahre und falsche, politische und ideologische Erinnerungen

QX: In ihrem Aufsatz »Public Memory and its Discontents«[83] nehmen Sie eine sehr kritische Haltung gegenüber einer politisierten und ideologischen Form der Erinnerung ein, indem Sie von »verfälschten Erinnerungen« sprechen. Ich habe diesbezüglich zwei Fragen. Erstens: Gehen Sie davon aus, dass es so etwas wie eine wahre Erinnerung gibt, zum Beispiel in den Zeugnissen der einzelnen Überlebenden? Und, wenn dem nicht so wäre, wie kann man

---

[82] Zitiert nach Kapitel IV »Öffentliches Gedächtnis und moderne Erfahrung« in diesem Band, S. 117. Ähnliche Gedanken entwickelt Hartman in *Scars of the Spirit: The struggle against Inauthenticity*, New York 2002.
[83] Geoffrey Hartman, »Public Memory and its Discontents«, in: ders., Daniel T. O'Hara (Hg.), *The Geoffrey Hartman Reader*, Edinburgh 2004, S. 415–431, hier insbes. S. 426.

dann sicher zwischen ›wahren‹ und ›falschen‹ Erinnerungen unterscheiden? Zweitens: Wenn es nicht möglich ist, ›wahre‹ traumatische Erinnerung in bestimmten Situationen zur Sprache zu bringen (ich denke zum Beispiel an eine Opfergruppe, der es unmittelbar nach einem traumatischen Ereignis unmöglich ist, dies in Worte zu fassen), können Sie sich vorstellen, dass Politik und Ideologie je eine positive Rolle spielen können, wenn es darum geht, den Opfern dabei zu helfen, ihre Erfahrungen (und sei es auch in einer veränderten oder verzerrten Form) zu artikulieren? Kann die Spannung zwischen unterschiedlichen politischen Mächten die (Wieder-)Entdeckung von ›wahren‹ Erinnerungen fördern?

GH: Meine Anmerkungen zu den »verfälschten Erinnerungen« stehen im Kontext von politischen Manipulationen, wenn ein historisches Ereignis überschrieben wird, indem beispielsweise ein Politiker, der in Missgunst gefallen ist, aus einer Photographie wegretouchiert wird. Es gibt das Bedürfnis, die offizielle Geschichte zu verändern und das kollektive Gedächtnis zu manipulieren. Die Verfälschung *innerhalb* der individuellen Erinnerung, die mit einer Traumatisierung verbunden ist, erfordert allerdings eine tiefergehende Analyse. Hier greift das Schema wahr/falsch zu kurz. Bevor ich weiter differenziere, lassen Sie mich zuerst noch einen anderen Punkt klären.

Ich gehe davon aus, dass wir hier nicht von simplen Fehlern sprechen, die beispielsweise leicht korrigierbare Daten betreffen (ob z. B. ein Ereignis 1942 oder 1944 stattgefunden hat), und auch nicht von jenen interessanteren Fällen, wie sie Dori Laub in *Testimony* schildert, wo eine Überlebende die Anzahl der Krematorien und Gaskammern vergrößerte, die bei einer Häftlingsrevolte in Auschwitz in die Luft gesprengt wurden.[84]

Sie sprechen von Trauma und wollen wissen, ob wir dabei gleichzeitig die wahr/falsch-Unterscheidung aufrecht erhalten können. Wenn es ein Trauma gab und immer noch gibt, dann wird es auch gewisse Tatsachen geben, die in einem (literalen) Sinn ›falsch‹ und in einem anderen (figurativen) Sinn (wie in der Literatur oder der Traumlogik) zugleich ›wahr‹ sind. Ein Beispiel hierfür ist die Tatsache, dass auffallend viele Gefangene den KZ-Arzt Josef Men-

---

[84] Vgl. Felman/Laub, *Testimony*, S. 59–63.

gele bei der Arbeit in Auschwitz gesehen haben wollen. Wäre dem tatsächlich so, dann müsste er 48 Stunden am Tag über die Selektionen gewacht haben. Retrospektiv ist ›Mengele‹ zu einem Symbol der Macht geworden, die über Leben und Tod jedes Inhaftierten bei dessen Ankunft in Auschwitz entschieden hat. Ein komplexerer Fall ergibt sich, wenn wir auf die wahr/falsch-Frage keine bündige Antwort geben können und stattdessen sagen müssen, dass eine bestimmte Erinnerung sowohl falsch als auch wahr ist. Können wir nach so vielen Jahren zeitlichem Abstand vom Naziregime noch sicher sein, dass alles, was erzählt wird, tatsächlich von Augenzeugen erlebt wurde und nicht nachträglich von Medien beeinflusst worden ist, etwa von Filmen wie *Schindlers Liste*? Oder angenommen, dass ein Überlebender sich die Erfahrungen eines anderen KZ-Häftlings angeeignet hat, der, bevor er starb, diesem seine Geschichte anvertraut hat mit der Bitte, sie weiterzugeben? Wem gehört eine solche Geschichte von Leben und Tod?

QX: Aber wie verhält es sich, wenn der Überlebende sich die Geschichte eines Anderen bewusst aneignet, ohne dafür eine ›Erlaubnis‹ oder Aufforderung erhalten zu haben…?

GH: Im Fall der traumatischen Situation kann die Geschichte selbst wichtiger sein als die genaue Zuschreibung zu einer Person. Bis vor einiger Zeit hat man in der Literatur die Epoche der mündlichen Überlieferung als kollektiv und anonym (oder pseudonym) bezeichnet. Das bedeutet jedoch nicht, dass man Memoiren wie die von Binjamin Wilkomirski gutheißen kann, in denen er fälschlich behauptet, als Kind für Jahre in den Konzentrationslagern Majdanek und Auschwitz interniert gewesen zu sein. Hier handelt es sich um Diebstahl.[85] Aber selbst in diesem Fall könnte man die Traumatheorie anwenden, um nach dem psychogenen Prozess zu fragen, in dem jemand ohne eine direkte Beziehung zum Holocaust dermaßen eindrücklich und überzeugend darüber schreiben kann. Auch hier handelt es sich um eine Aneignung, diesmal eine nicht-authentische, die wiederum zeigt, wie schwer es ist, über eine Wahrheit zu wachen, die auf öffentliche und so weitreichende Weise in die literarische Sphäre und das Bewusstsein eingedrungen

---

[85] *The Memory Thief* (2007) ist der Titel eines Films von Gil Kofman.

ist. Ich unterstelle Wilkomirski etwas, das ich Erinnerungsneid nenne.[86] Es gibt Menschen, die ein starkes Bedürfnis danach verspüren, durch schmerzhafte Erinnerungen an der Geschichte teilzuhaben, um nicht ohne eine bedeutende Vergangenheit zu leben.

Aber ich möchte genauer auf Ihre Frage zurückkommen. Sie wollten wissen, ob »Politik und Ideologie je eine positive Rolle spielen können, wenn es darum geht, den Opfern dabei zu helfen, ihre Erfahrungen (und sei es auch in einer veränderten oder verzerrten Form) zu artikulieren? Kann die Spannung zwischen unterschiedlichen politischen Mächten die (Wieder-)Entdeckung von wahren Erinnerungen fördern?«

Das sind schwerwiegende Bedenken. Zudem springen Sie vom Problem des wahrhaften Zeugnisses zu der Frage nach den äußeren Bedingungen, die die Zeugenaussage ermöglichen. Wir sind uns sicher darin einig, dass Lügen oder verzerrte Wahrheiten schädlich sind, unabhängig von ihrer positiven, kathartischen Wirkung. Ferner gehen Sie davon aus, wenn ich Ihre daran anschließende Frage richtig verstehe, dass jeder Diskurs eine ideologische oder politische Schlagseite hat. Deshalb sollte es innerhalb einer Situation, wo ein gewisses Maß an freier Meinungsäußerung noch besteht und es möglich ist, zwischen unterschiedlichen politischen Positionen zu wählen, auch möglich sein, sich selbst in die bestehenden Diskurse einzuschreiben (Derrida spricht hier von *paléonomie*).

Dies mag zutreffen; ich glaube jedoch, dass die Fiktion die besseren Karten in der Hand hat, um die Zensur auszuspielen. Lassen Sie mich das an einem Beispiel selbst verordneter Zensur erklären. Die Holocaust-Überlebenden und Schriftsteller Aharon Appelfeld und Jorge Semprun erklärten, dass sie, um überhaupt Gehör zu finden und ein Publikum zu gewinnen, in ihren Romanen die brutale Realität ihrer Erfahrungen heruntergespielt hätten. Die Ereignisse so zu erzählen, wie sie sich tatsächlich ereignet haben, hätte nur Unglauben hervorgerufen. Die Fiktion dagegen muss, um wirkungsvoll zu sein, das Kriterium der Wahrscheinlichkeit erfüllen. Sempruns Formel dafür war, dass er sich um Glaubwürdigkeit (*veridique*) und nicht Wahrheit (*vrai*) bemühte.

Ich bin skeptisch, ob eine ›wahre Erinnerung‹ unverändert mitgeteilt werden kann, in einer Atmosphäre spezifischer politischer

---

[86] Vgl. dazu Kapitel II »Zeugenschaft und Leiden auf Distanz« in diesem Band, insbes. S. 83 ff.

Machtverhältnisse. Zugleich bin ich jedoch zuversichtlich, dass Autoren und Künstler auch unter dem Druck bestimmter politischer oder ideologischer Vorgaben und Beschränkungen gewitzt und geschickt genug sind, um ihre Anliegen und Erfahrungen auf eine indirekte Art mitzuteilen. Ich schätze es besonders, dass Sie dieses Problem im Kontext Chinas nach der kulturellen Revolution aufwerfen, eine Situation, von der Sie sagen, dass es »zu schwer für uns war, die Vergangenheit unmittelbar im Anschluss an die traumatischen Ereignisse zu erinnern, weil sie zu bedrohlich waren und manchmal eine absolute Verleugnung verlangten […].« Trotz allem bestehen Sie darauf, und ich zitiere Sie noch einmal, dass diese traumatische Erfahrung »obwohl sie in mancherlei Hinsicht verzerrt war, ohne das Vorhandensein der vorherrschenden Ideologie überhaupt nicht hätte erzählt werden können.«

Wenn Sie davon ausgehen, dass alle Erinnerungsprozesse unwillkürlich von einer internalisierten politischen Ideologie gesteuert werden, dann fällt mir dazu eine Ausnahme ein. Von den Anfängen der Literaturgeschichte mit Autoren wie Horace oder später Chaucer bis hin zu den Autoren, die ich bereits genannt habe, taucht immer wieder eine Formel auf, die darauf hinweist, dass die ›bitteren‹ Wahrheiten kein Gehör finden werden, es sei denn, dass man sie ›versüßt‹. Ich verstehe diese Strategie der Institution Literatur als eine Antwort auf den sozialen und politischen Außendruck, von dem Sie sprachen. In der Literatur, wie auch allgemeiner in sozialen Konventionen, wirkt ein starkes *euphemistisches* Element, und sobald sich diese Euphemismen erschöpfen, treten neue, erfindungsreiche Umschreibungen an ihre Stelle, die einen verstörenden Realismus sowohl ermöglichen als auch unterbinden.

Was im Zuge eines Traumas erlebt wird, sei es individuell oder kollektiv, kann nicht direkt kommuniziert werden, ohne dass das Opfer in der Erinnerung den Übergriff erneut erlebt. In Extremfällen wird nicht nur das Opfer (re)traumatisiert; auch das Bild über uns selbst und das, was es heißt, ein Mensch zu sein, wird erschüttert.

Ich schlage daher vor, ein in Worte gefasstes Trauma als Kompromisshandlung zu definieren, als Sprechakt unter der Bedrohung der Sprachlosigkeit. Das bedeutet, dass die Betroffenen einen eigenständigen Ausdruck finden, obwohl ihre Sprechsituation von einem Übermaß an Schmerz geprägt ist. Es gibt in diesem Prozess also dennoch eine Stimme, die wir mit einer eindrücklichen Metapher als die »Stimme des Weberschiffchens« (*the voice of the shuttle*) bezeichnen können.[87]

Diese rätselhafte Wendung geht auf Aristoteles' *Poetik* zurück, der aus dem verschollenen Stück *Tereus* von Sophokles zitiert. Er bezieht sich auf das traumatische Verbrechen im Zentrum des Dramas: Tereus hatte Philomela, die Schwester seiner Frau, vergewaltigt und ihr die Zunge herausgeschnitten, um die Tat zu verschleiern. Philomela leidet also an einer zweifachen Vergewaltigung. Sie verarbeitet ihr Trauma, indem sie ein Gewebe anfertigt, das ihre Vergewaltigung darstellt; die »Stimme des Weberschiffchens« tritt damit an die Stelle ihrer geraubten Stimme. Dieses Bild, das auf eine rettende Verwandlung verweist, ist immer in meinen Gedanken, wenn ich über die Möglichkeiten der Kunst nachdenke, für das Trauma eine ›sprachlose‹ Sprache zu finden.

Theorie und Post-Theorie

QX: Wie verorten sie die Traumatheorie innerhalb der verschiedenen Schulen und kritischen Theorien? Bestehen hier Beziehungen, beispielsweise zur Dekonstruktion? Wenn die Zeit der (Literatur-)Theorie – wie es einige Kritiker postuliert haben – abgelaufen ist, welche theoretischen Ansätze bleiben in der Traumatheorie dann nach wie vor gültig und relevant? Oder anders herum gefragt: Welche neuen Möglichkeiten eröffnet die Traumatheorie für die Zukunft des theoretischen Denkens?

GH: Ich stehe *ismen* von jeher skeptisch gegenüber, mit denen uns bestimmte Label von Markt und Macht aufgezwungen werden. Sie sprechen hier mit jemandem, der sich als Essayist versteht und Ideen aufgreift, die gerade in der Luft liegen oder Ideen aus seiner eigenen Sensibilität heraus entwickelt. Mich reizt die Konstruktion großer Ideen, aber was konstruiert wird, kann auch wieder dekonstruiert werden. Das Auseinandernehmen, Offenlegen und Kritisieren muss diese Ideen nicht unbedingt disqualifizieren; es zeigt vielmehr, dass es notwendig ist, nach einem archimedischen Punkt zu suchen, der stark genug ist, um ein wahres Zentrum zu bilden,

---

[87] Aristoteles, *Poetik*, S. 51.

einen Hebel für die Gedanken, der sich Theorie nennt. Es kann deshalb kein Nach-der-Theorie geben, allenfalls Theorie in stärkerer oder schwächerer Konzentration.

Mit meinem Interesse an Literatur und Lyrik im Besonderen, sowie an einer Form der Interpretation, die die Setzungen früherer Lektüren infrage stellt und den Geist so lange wie möglich offen hält für neue Bedeutungen, übertrage ich lediglich das Prinzip der ›negativen Fähigkeit‹ (*negative capability*) auf den Leseprozess, und damit jene emphatische Offenheit des Gefühls, die John Keats als das zentrale Moment der schöpferischen, poetischen Geisteshaltung definiert hat.

Argumentative Gedankengänge, die sprachlich geschickt und interessant entwickelt werden, können auch kreativ sein; ich schätze die innovative Begriffsbildung in den ›Geisteswissenschaften‹ (auch dies ist ein Begriff, der irgendwann erst einmal geprägt werden musste). Ich habe mich deshalb intensiv mit Derridas *Glas* auseinandergesetzt, einem Buch, das mit enormer Innovationskraft gegen die Vorstellung vom ›Buch‹ als einem geschlossenen Ganzen ankämpft. Derrida überwindet die Idee vom Buch als Behälter, indem er diesen Aspekt ironisch ausstellt und unsere Aufmerksamkeit auf Zäsuren und Schnitte im Text lenkt, auf das rechteckige Format der Buchseite oder das Layout der Textgestaltung. Derrida spielt mit der Idee des Buches auf ähnliche Weise wie ein Architekt mit dem Schachtelcharakter von Häusern, der sich niemals gänzlich abstreifen lässt.

Zudem steckt *Glas* voller rhetorischer Mittel und enthält eine kühne Gegenüberstellung der beiden Prosagattungen Philosophie und Literatur. Sobald man das Buch aufschlägt, begegnet man einem Heer von Andeutungen und Referenzen aus der modernen französischen Kultur: vom Surrealismus bis zur Rezeption von Hegel und Heidegger im Nachkriegsfrankreich. Derridas Netzwerk der Anspielungen produziert eine Dichte, die mitunter lyrische Qualitäten annimmt, eine Textur, die in scharfem Gegensatz zum sogenannten ›Texten‹ steht, wie es heute den elektronischen Sprachgebrauch prägt. Der Text von *Glas* spricht zu uns bereits durch seine Anordnung; er besteht aus zwei Kolumnen, einer linken, die mit einem Zitat aus Hegels *Phänomenologie des Geistes* einsetzt und einer rechten mit Zitaten von Jean Genet. Ein durchgängiges Thema ist die definierende und damit auch verletzende

Gewalt von Wörtern sowie ihr semantischer Überschuss und ihr Zerfall.

Eingebettet in diesen Kontext ist der Ausruf »Du Dieb!«, eine Wendung, die aus Sartres Genet-Biographie stammt, wo er gezeigt hat, dass diese Worte Genet verwundet und damit sein Selbstbild und seine Identität permanent bestimmt haben.[88] (Und ist nicht auch Derrida selbst eine Art Dieb, indem er stiehlt – durch Zitate, Bricolage und eine höhere Form des Plagiats, das sich der Wörter Anderer bedient?) Auf einem gewundenen Pfad, den ich hier nicht weiter verfolge, der aber klare Bezüge zur Struktur des Traumas aufweist, zeigt Derrida, wie Genet seine Mutter freispricht, indem er das Abhängigkeitsverhältnis zu ihr auf das Feld der Muttersprache verschiebt und dort austrägt: Er bereichert und schändet sie zugleich in einer sublimen, hoch-figurativen Weise; alles das vollzieht sich innerhalb der zügellos abseitigen Phantasie eines homosexuellen Gefangenen.

Worauf ich hinaus will: Zurück bleibt stets die Sprache als ein Rest, der sich niemals vollständig aufnehmen oder auflösen lässt. Die Sprache ist der unbesiegbare Anteil jedes sprechenden Subjekts und nicht nur ein Mittel, das in einer transzendenten Bedeutung oder einem Begriff aufgeht. Diese Prämisse gilt insbesondere für die Literatur, die der Verbindung zwischen Worten und Wunden nachspürt, wobei die Wunden auch daher rühren, dass die Worte für den Autor gleichzeitig zu einschränkend und nicht konkret genug sind, zu viel versprechen und das Subjekt verraten, sozial beschämen und zu drastisch ausfallen, um gehört zu werden.

Andere werden meinen Beitrag zur Literaturkritik und darüber hinaus zur Psycho-Ästhetik bewerten müssen. Worum es mir von den 60er bis zu den 80er Jahren in Studien wie *Criticism in the Wilderness* und *Saving the Text: Literature / Derrida / Philosophy* ging, war der Versuch, das anglo-amerikanische intellektuelle Milieu mit dem kontinentalen Denken bekannt zu machen. Die daraufhin folgende Auseinandersetzung mit dem Midrasch, der wichtigen jüdischen Kommentar- und Auslegungstradition der hebräischen Bibel, hat in gewisser Weise diesen Versuch der Erweiterung des literaturwissenschaftlichen Spektrums fortgesetzt.

---

[88] Vgl. Jean-Paul Sartre, *Saint Genet: Komödiant und Märtyrer*, Schriften zur Literatur, Bd. 4, übers. von Ursula Dörrenbächer, Reinbek bei Hamburg 1982.

Wie lange kann sich die Literaturkritik aber gegen ideologische und teleologische Festlegungen und die Schließung des Denkens wehren? Meiner Ansicht nach hat sie heute den Auftrag, literarische Texte im Lichte dessen zu betrachten, was ich ›surnomie‹ genannt habe – d. h. angesichts eines Überschusses an Normen, die die Vereinheitlichung des Wissens und ein dogmatisches Kulturverständnis unmöglich machen –, und nicht allein vermittels soziopolitischer Argumente. Nicht jeder Kommentar ist so fruchtbar wie Jean-Paul Sartres *Situations*, Georg Lukács' *Die Theorie des Romans* oder Erich Auerbachs *Mimesis*, um die Literatur im Spiegel sozialer Verhältnisse zu lesen. Wenn aber die Interpretation letztlich darauf abzielt, den Primärtext zu beseitigen, als ob das Denken vielleicht sogar besser ohne ihn auskommen könnte, verlieren wir zu viel. Dasselbe gilt für alle Interpretationen, die von dem Wunsch beseelt sind, nur einen Text gelten zu lassen; ein solcher Ansatz erstickt das Denken. Die Interpretation wird zur Mission, Propaganda oder einer anderen Form des *dirigisme*. Dies mag in einer bestimmten historischen Phase eine notwendige Strategie sein, beispielsweise als Mao seine Schriften in eine (säkulare) Bibel verwandelte und seine Jünger durch ein »exegetisches Bündnis«[89] zusammenschloss. Gegen ein exegetisches Bündnis ist an sich nichts einzuwenden; zum Problem wird es jedoch, sobald (nur) einem einzigen Text Offenbarungscharakter zugesprochen wird, der damit alle anderen Texte verdrängt.

Es mag den Anschein haben, als hätte ich mich weit von unserem Ausgangspunkt entfernt: von der Bedeutung der Traumatheorie und ihrer Möglichkeit einer Intervention gegen ideologische diskursive Gewalt. Diese Fragestellung fordert Zeugenschaft und eine offene Auseinandersetzung über das Verhältnis von Worten, medialen Bildern und psychischer Verwundung. Nicht nur, weil traumatisierende Bilder und Worte tief und schädlich in uns weiter wirken. Auch diejenigen, die nicht direkt von traumatischen Ereignissen betroffen sind, nehmen als sekundäre Zeugen die moralische Pflicht auf sich, erschütternde Geschichten anzuhören, darüber nachzudenken und diese weiterzugeben. Ich frage daher nach den Prozessen der Gedächtnisbildung und analysiere dabei – genau

---

[89] David E. Apter, Tony Saich, »Exegetical Bonding and the Phenomenology of Confession«, in: dies., *Revolutionary Discourse in Mao's Republic*, Cambridge 1994, S. 263–293.

wie Sie es tun – so nüchtern wie möglich die besondere Rolle, die Traumata spielen. Es ist überaus wichtig, über diese vielleicht unlösbaren Fragen weiter nachzudenken und darüber zu schreiben. Wir haben keine anderen Waffen. Wir können nur hoffen, dass die Folgeschäden von Gewalt in unserer Epoche durch engagierte Auseinandersetzung und Kritik in Schranken gehalten und entschärft werden.[90]

---

[90] Gegenüber der ersten Fassung des Interviews habe ich die hier veröffentlichte deutsche nochmals präzisiert (Geoffrey Hartman).

Quellennachweise

Kapitel II
Zeugenschaft und Leiden auf Distanz

»Tele-Suffering and Testimony«, in: Geoffrey Hartman, *Scars of the Spirit: The Struggle against Inauthenticity*, New York: Palgrave Macmillan 2002, S. 67–84 (reproduced with permission of Palgrave Macmillan).

Kapitel III
Das Demokratische Museum und die Zukunft der Kunstkritik

»Democracy's Museum«, in: Geoffrey Hartman, *Scars of the Spirit: The Struggle against Inauthenticity*, New York: Palgrave Macmillan 2002, S. 191–209 (reproduced with permission of Palgrave Macmillan).

Kapitel IV
Öffentliches Gedächtnis und moderne Erfahrung

»Public Memory and Modern Experience«, in: Geoffrey Hartman, *A critic's journey: literary reflections, 1958–1998*, New Haven: Yale University Press 2011, S. 262–271 (reproduced with permission of Yale University Press).

Kapitel V
Trauma, Zeugnis und Literaturkritik

»Geoffrey Hartman, interviewed by Xie Qiong«, in: *Cambridge Literary Review* II/5 (Summer 2011), S. 153–174 (© has reverted to the two authors).